도쿄의 뮤지엄을
어슬렁거리다

도쿄의 뮤지엄을 어슬렁거리다

오타가키 세이코 글 · 그림 | 안혜은 옮김

더숲

머리말

《도쿄의 뮤지엄을 어슬렁거리다》는 한 월간지에 매달 남겼던 이야기들입니다.

그간 5년이라는 시간이 흘렀으니 당연히 내 모습에도 변화가 있었습니다.

개인적인 이야기로 먼저 시작해서 죄송합니다.

이 책은 독자 여러분이 자신의 흥미에 따라

 선택할 수 있도록 비슷한 성격과 특징을 가진 곳끼리

모아서 구성했습니다.

쇼트커트

노화일까요?
단발머리가 어울리지 않게 되었답니다.

이 책에서 소개하는 미술관과 박물관, 기념관 들은 시간이 지나면

당연히 전시 내용 등이 바뀌겠지만

그 성격과 특색에는 변화가 없으니 분위기를 즐기고

찬찬히 관심을 가지시면 좋겠습니다.

자, 그럼 저와 함께 어슬렁어슬렁 떠나 볼까요?

기대해 주세요.

독자

단발머리와 쇼트커트의 변화는
신경 쓰지 마세요.

ENTS

CONT

예술가의 인생을 느끼는 뮤지엄

정취를 만끽하는 뮤지엄

건물도 아름다운 뮤지엄

재미있는 현대미술 뮤지엄

맛있는 뮤지엄

학교 안 뮤지엄

서민 정서를 담은 뮤지엄

책과 관련된 뮤지엄

일러두기

• 책에서 소개하는 전시는 2013~2017년의 것입니다.

• 각 뮤지엄의 개관시간, 휴관일, 입장료에 관한 정보는 2023년 7월 현재의 것으로 추후 변경이 있을 수 있습니다.

• 국내 독자의 이해를 돕기 위해 본문에 나오는 인명과 내용에 관해서는 책 뒤의 〈톺아보기〉에서 좀 더 자세히 다루었습니다.

• 이 책은 콘텐츠 특성상 원서와 동일하게 책의 오른쪽을 묶는 제본방식으로 제작되었습니다.

VOL
01

하루를 즐길 수 있는 뮤지엄

에 도 · 도 쿄 건   축 박 물 관

모든 곳이 시간여행하는
느낌으로 가득

江戸東京たてもの園
EDO-TOKYO OPEN AIR
ARCHITECTURAL MUSEUM

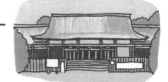

건축물뿐 아니라 나무와 꽃도 많아 사계절 내내 즐길 수 있다.

야마노테도리

봄

산벚나무

여름

노면전차

철포백합

곡물창고인 아마미의 다카쿠라[9]

가을

억새

겨울

미쓰이 가문의 하치로우에몬[10] 저택

백매

정치인 다카하시 고레키요[7] 저택

올라가 볼 수 있어요.

여기 2층이 암살당한 현장!

역사가 담긴 건물도 있죠!

복고풍 상점들이 나란히 있다.

오래전 서민들이 살던 동네로 여행 간 듯한 거리!

우산집

간장집

리얼해서 재밌고 흥미진진!

건어물 상점 야마토야 (大和屋) 본점 외

곳곳에 자원봉사자가 있어

말을 걸면 친절하게 설명해 준다.

즐거우면서도 새로운 발견이 가득하다.

원통형 우체통

고다카라유[8]

지브리 애니메이션을 좋아하면 아주 반가울 거예요!

고다카라유라는 도쿄의 대중목욕탕을 대표하는 건물로, 미야자키 하야오 감독이 이 이미지를 영화에 참고했다고 한다.

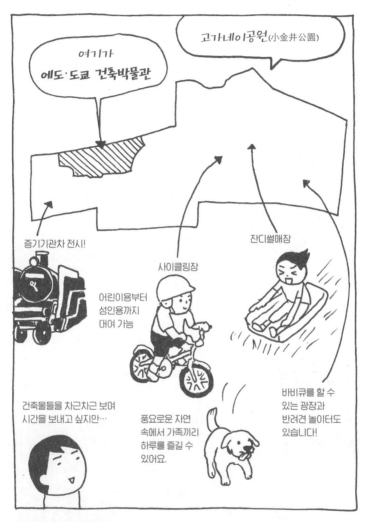

에도·도쿄 건축박물관

주소	도쿄도 고가네이시 사쿠라초 3-7-1(東京都小金井市桜町3-7-1)
홈페이지	http://www.tatemonoen.jp
가는 길	JR주오선 무사시코가네이역(JR中央線 武蔵小金井駅) 북구에서 버스로 5분
개관시간	4~9월 9:30~17:30, 10~3월 9:30~16:30 * 폐원 30분 전까지 입장
휴관일	월요일(공휴일이면 다음 날), 연말연시 * 홈페이지 참고
입장료	일반 400¥, 대학생 320¥, 중고생 200¥

VOL
02

하루를 즐길 수 있는 박물관

도　　　쿄
국립박물관

7개의 건물로 이루어진 뮤지엄 파크

東京国立博物館
TOKYO NATIONAL MUSEUM

동양관(아시아갤러리)

구로다기념관(黑田記念館)

헤이세이관(平成館)

효케이관
(表慶館 . 특별전만)

호류지보물전(法隆寺寶物殿)

자료관

본관

본관과 효케이관은
(중요문화재로 지정되어 있는 건축물)

박물관 부지 내에는
건물이 여럿 있습니다!

도쿄 국립박물관!

건물마다
전시를
해요.

하루에 전부
볼 수 없으니
이번에는
본관으로!

우선 2층
전시실부터

1872년에 창립된 일본에서 가장 오래된 박물관

병풍과
후스마에[4]

중요문화재
〈풍신뇌신도 병풍〉[5]
에도시대 18세기

↓위는 바람을 관장하는 풍신이다.

국보

《엔기시키》

헤이안시대[1] 11세기

일본미술의 여명기
—조몬 · 야요이 · 고분시대[2]

일본미술의 흐름에 따라
전시되어 있어요.

이렇게 귀한
작품들을 직접
볼 수 있다니!

우키요에[6]와 의상—에도

〈유녀 입자도
(遊女立姿圖)〉

에도시대 18세기

중요문화재 〈차광기 토우〉[3]
조몬시대인 기원전 1천 년경

도쿄 국립박물관을 나오면 정면에 있는

대분수 앞 광장에서는 종종 이벤트가 열려요.

벚꽃철의 계절 이벤트라든가 아시아 페스티벌,

○○○마켓 등…

○○ 페스티벌

도쿄 국립박물관

주소	도쿄도 다이토구 우에노코엔 13-9(東京都台東区上野公園13-9)
홈페이지	https://www.tnm.jp
가는 길	JR야마노테선 우에노역(JR山手線 上野駅) 공원구 또는 우구이스다니역(鶯谷駅) 남구에서 도보 10분
개관시간	9 : 30~17 : 00 *폐원 30분 전까지 입장
휴관일	월요일(공휴일이면 다음 날), 연말연시 *임시휴관 있으므로 홈페이지 참고
입장료	일반 1,000¥, 대학생 500¥, 18세 미만 · 70세 이상 무료

VOL

03

하루를 즐길 수 있는 뮤지엄

국립과학
박 물 관
지 구 관

우주, 생명 그리고 인류의 역사를
더듬어 본다

国立科学博物館 地球館
NATIONAL MUSEUM OF NATURE AND
SCIENCE/ GLOBAL GALLERY

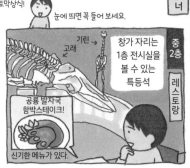

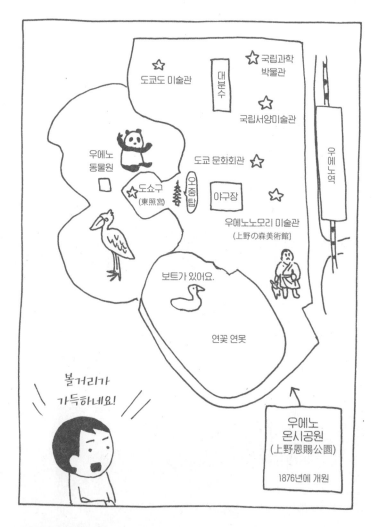

국립과학박물관 지구관

주소	도쿄도 다이토구 우에노코엔 7-20(東京都台東区上野公園7-20)
홈페이지	http://www.kahaku.go.jp
가는 길	JR야마노테선 우에노역(JR山手線 上野駅) 공원구에서 도보 5분
개관시간	9:00~17:00 *폐관 30분 전까지 입장
휴관일	월요일(공휴일이면 다음 날), 12월 28일~1월 1일 *홈페이지 참고
입장료	일반·대학생 630¥, 18세 미만·65세 이상 무료 *특별전은 별도 요금

VOL

04

하루를 즐길 수 있는 뮤지엄

국립과학
박 물 관
일 본 관

일본의 자연과 생물을 더듬어 본다

国立科学博物館 日本館
NATIONAL MUSEUM OF NATURE AND
SCIENCE / JAPAN GALLERY

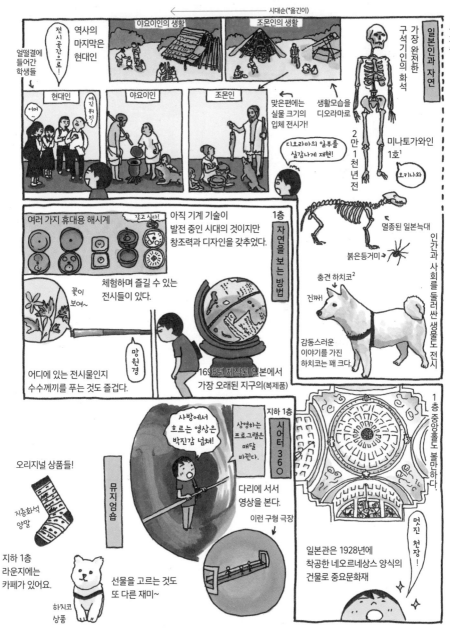

2층 계속

일본인과 자연

시대순(*옮긴이)

야요이인의 생활
조몬인의 생활
가장 완전한 구석기인의 화석

얼떨결에 들어간 학생들
전시공간으로!
역사의 마지막은 현대인

현대인
어어
야요이인
여긴 뭐지?
조몬인

맞은편에는 실물 크기의 입체 전시가!

디오라마의 일부를 실감나게 재현!

생활모습을 디오라마로

미나토가와인 1호[1]
오키나와

2만 1천년 전

인간과 사회를 둘러싼 생물도 전시

멸종된 일본늑대
붉은등거미
충견 하치코[2]
진짜!

감동스러운 이야기를 가진 하치코는 꽤 크다.

여러 가지 휴대용 해시계
갖고 싶다!

1층
자연을 보는 방법

아직 기계 기술이 발전 중인 시대의 것이지만 창조력과 디자인을 갖추었다.

꽃이 보여~

체험하며 즐길 수 있는 전시들이 있다.

망원경

어디에 있는 전시물인지 수수께끼를 푸는 것도 즐겁다.

1695년 제작된 일본에서 가장 오래된 지구의(복제품)

지하 1층

시어터 360

사방에서 흐르는 영상은 박진감 넘쳐!

상영하는 프로그램은 매달 바뀐다.

다리에 서서 영상을 본다.

이런 구형 극장

오리지널 상품들!

뮤지엄숍

지층화석 양말

지하 1층 라운지에는 카페가 있어요.

하치코 상품

선물을 고르는 것도 또 다른 재미~

1층 중앙홀도 볼만하다.

멋진 천장!

일본관은 1928년에 착공한 네오르네상스 양식의 건물로 중요문화재

국립과학박물관 일본관

주소	도쿄도 다이토구 우에노코엔 7-20(東京都台東区上野公園7-20)
홈페이지	http://www.kahaku.go.jp
가는 길	JR야마노테선 우에노역(JR山手線 上野駅) 공원구에서 도보 5분
개관시간	9：00~17：00 *폐관 30분 전까지 입장
휴관일	월요일(공휴일이면 다음 날), 12월 28일~1월 1일 *홈페이지 참고
입장료	일반·대학생 630¥, 18세 미만·65세 이상 무료 *특별전은 별도 요금

VOL

05

하루를 즐길 수 있는 뮤지엄

도 쿄
국립근대
미 술 관

공들인 전시공간과
레스토랑, 뮤지엄숍도 훌륭

東京国立近代美術館
THE NATIONAL MUSEUM OF MODERN ART, TOKYO

일본 최초의 국립미술관인 **도쿄 국립근대미술관**

4층부터 둘러볼까요?

감색 벽에 그림이 빛을 발한다.

전시실 이름은 하이라이트

훌륭한 가치가 있는 명작들이!

약 1만 3천 점의 컬렉션을 소유하고 있는데 그중 200점 정도를 소장 작품전으로 전시

1년에 여러 차례 전시 내용이 바뀐다.

통칭 MOMAT

1952년

1969년 교바시에서 현재의 다케바시로 이전

The National Museum of Modern Art, Tokyo

해설이 있어 작품을 한층 깊이 있게 이해할 수 있다.

↰ 하세카와 도시유키[1]의 〈카페 파우리스타〉

이런 놀라운 이야기가 있다니…

드라마틱하다!

오랫동안 행방불명이었다가 텔레비전의 감정 프로그램에서 발견되어 2009년 미술관이 구입!

전망 좋은 방

시원하게 펼쳐진 주변 경치를 바라보며 휴식할 수 있다.

아~ 넓다…

1900~1940년의 그림들

3층

다음 시대로 넘어갑니다.

그리고 3층으로!

1940~1960년의 그림들

하층민중의 생활을 담아냈던 구니요시 야스오[5]의 〈누군가 내 포스터를 찢었다〉

파리 화단의 주목을 모은 후지타 쓰구하루[4]의 〈자화상〉 작가의 작품이 여럿 있다.

좋아!

파울 클레의 〈파괴된 마을〉

일본에 서양의 미술이론을 처음으로 소개한 구로다 세이키[2]의 유화 〈낙엽〉의 소묘 작품도 있다.

가와바타 류시[3]의 스케치 시리즈에서

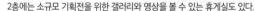

이 다리를 건너면 도쿄 국립근대미술관이죠.

다케바시역 옆에 세워진 팔레스사이드빌딩은 마이니치신문의 사옥이기도 하다. 음식점 말고도 상점이 많아 구경하며 걷는 재미가 쏠쏠하다.

도쿄 국립근대미술관

주소	도쿄도 지요다구 기타노마루코엔 3-1(東京都千代田区北の丸公園3-1)
홈페이지	http://www.momat.go.jp
가는 길	도쿄메트로 도자이선 다케바시역(東京メトロ 東西線 竹橋駅) 1b출구에서 도보 3분
개관시간	10：00~17：00, 금·토요일 ~20：00 *폐관 30분 전까지 입장, 기획전은 상이
휴관일	월요일(공휴일이면 다음 날), 연말연시, 전시교체기간
입장료(소장 작품전)	일반 500¥(17시 이후 300¥), 대학생 250¥(17시 이후 150¥)

VOL
06

체험할 수 있는 뮤지엄

쇼와의 생활 박물관

오래전 재봉틀, 벽시계가 있는
소박한 박물관

昭和のくらし博物館
SHOWA LIVING HISTORY MUSEUM

실례하겠습니다.

1999년 개관.
관장 고이즈미 가즈코 씨의 본가이기도 한 이 건물은
국가등록 문화재로 지정되었다.

1951년에 건축

이 집이 박물관

여긴가?

한적한 주택가를 걸어가면

입구에 들어가면 관장이 가족과 살던 시절의 사진이 걸려 있다.

진공관 라디오

부엌과 자노마¹

화로

목제 냉장고

접이식 밥상 위에는 제2차 세계대전 전 박물관 관장 집안의 식사를 재현

툇마루에 놓인 발틀

우리 집에도 똑같은 재봉틀이 있었는데…

아이방

책상

불을 쬐던 화로

예전엔 뭐든지 커버를 씌웠었지

경대

자시키²

바느질 도구와 가구 등을 전시

이런 오래된 것들이 좋아~

소녀잡지의 부록

인형

관람객 아주머니들

나도 갖고 있었어요.

그래요?

이야기꽃이 활짝

시간이 흘러 사라져 가는 것들

쇼와의 생활 박물관에 전시되어 있는 목제 냉장고

1969년생입니다.

쇼와시대 물건 맞아?

우와, 나도 나이는 좀 먹었는데 이건 처음 보는걸.

위칸에 얼음을 넣어 아래칸의 식품을 차갑게 보관

가정용 전기냉장고는 1950년대 중반부터 판매

원도어 →

1960년 보급률은 겨우 5퍼센트였다.

1963년 무렵부터 냉동실이 분리된 투도어 타입이 등장

맞아. 그랬지.

이렇게 컸었지...

지금 보니 참 작네.

지금은 훨씬 뛰어난 기능이 많이 있죠.

특별전 〈재미있고 사랑스러운 옛 어린이〉

미니어처라서 귀여워~

플라스틱이 보급되기 시작하던 시절

건물 안 모든 것이 새로운 발견이고 반갑다.

벽시계

← 일바지를 입은 소녀들

제2차 세계대전 중의 일을 다루고 있어 많은 생각을 하게 한다.

여름에는 마당의 감나무잎을 말린 시원한 차를 낸다고 한다.

약모밀차
화과자

관람객에게 차를 대접하다니!

그리고 마지막에는 마당에서

차 한잔 드세요.

아, 재밌었다.

'먼지떨이 → 만들기' 등

요리, 의복, 그 밖의 생활에 관한 다양한 이벤트와 강좌가 있다.

나도 참여해 봐야지!

생활의 지혜가 참 대단해.

쌀을 쪄서 말리고 있다.

처마에 매달린 것은

예전에 비상식량으로 만들어 두던 것

기획전도 있다.

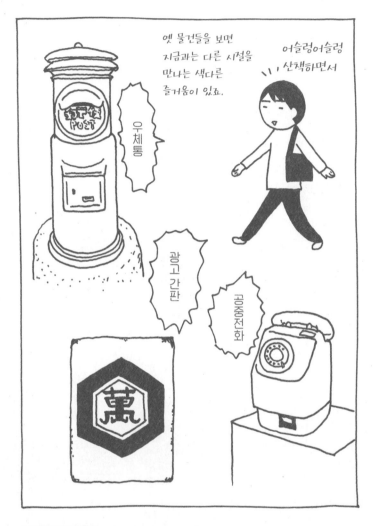

쇼와의 생활 박물관

주소   도쿄도 오타구 미나미쿠가하라 2-26-19(東京都大田区南久が原2-26-19)
홈페이지   http://showanokurashi.com
가는 길   도큐이케가미선 구가하라역(東急池上線 久が原驛)에서 도보 8분
개관시간 10：00~17：00
휴관일   월~목요일, 9월 상순, 연말연시 *홈페이지 참고
입장료   일반 500¥, 초등 · 중고생 300¥

VOL

07

체험할 수 있는 뮤지엄

도쿄 장난감 미술관

어른도 맘껏 놀고 싶어진다

東京おもちゃ美術館
TOKYO TOY MUSEUM

장난감이 테마여서
역시 아이들이 많다.

장난감을
갖고 노는
아이들

복도와 교실의 모습이
그대로 남아 있네.

초등학교였던 곳에
지은 지
80년이
넘은

초등학교?

도쿄 장난감미술관이 있습니다.

어디
한 번…

발바닥에
지압이
되어서
좋아요.

어른이 들어가선
안 되는 건 아니까~

다양한 나무로
만든 작은 우드볼이
2만 개 정도
채워져 있어요.

우드볼 풀

아파!

↑
장난감숲

편백
칠엽수
목련
멀구슬나무
벚나무
참나무

나무
실로폰

하지만 어른도 재미있다!

건반 길이는
똑같지만 수종이 달라
음계가 만들어진다!

신기한 음계

대충 쳐도
음악이 된다!

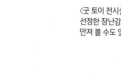

음악실은 편백나무로
채운 놀이터로 변신

벤치에 앉아 있는 것만으로도
나무 향기에 힐링이 된다.

↑
애기버섯들이 비틀비틀 언덕을
내려와 버섯기둥을 쓰러뜨리는
볼링 비슷한 장난감

깔아위라~

〈굿 토이 전시실〉에는 전문가들이
선정한 장난감이 전시되어 있는데
만져 볼 수도 있다.

장난감마을 빨강

빨간색을 기조로 한 공간에 전통완구들이 있다.

팽이

죽방울

가면

게임실

전 세계의 아날로그 게임이 모여 있다.

오호, 테이블축구!

물론 해볼 수 있죠.

장난감마을 노랑

노란색을 기조로 한 공간에 과학 장난감과 소꿉놀이 등

만화경

온통 나무로 만들어져 나무의 온기를 느낄 수 있는 0~2세 유아를 위한 아기의 목욕 광장

아기들과 나무 향기로 힐링이 되는 공간

삼나무로 만들어진 방

장난감의 유래, 사용법 등은 전 시실에 있는 학예원에게 물으면 된다.

빨간옷자야

기획전시실에서는 〈향토완구전〉이 개최 중이었다.

금붕어 초롱불

메추라기 수레

아이의 건강과 출세를 기원하는 오키나와 하리코[1]

갖고 싶어!

너~무 좋아.

십이간지 인형

이런 마트료시카를 발견, 사고 말았다.

특히 나무 장난감이 많아요.

장난감과도 인연이 있어야 하나 봐.

그리고 뮤지엄숍은 일본 최고의 편집숍이라고 한다.

도쿄 장난감미술관 *사전예약제로 운영 중

주소	도쿄도 신주쿠구 요쓰야 4-20 요쓰야히로바 내(東京都新宿区四谷4-20 四谷ひろば内)
홈페이지	http://goodtoy.org/ttm
가는 길	도쿄메트로 마루노우치선 요쓰야산초메역(東京メトロ 丸ノ内線 四谷三丁目駅) 2번출구에서 어린이 동반 도보 7분
개관시간	10:00~16:00 *폐관 30분 전까지 입장
휴관일	목요일(공휴일이면 다음 날) *2월과 9월 휴관, 연말연시에는 휴관일이 있으므로 홈페이지 참고
입장료	6개월~초등학생 800¥, 중학생~일반 1,100¥

체험할 수 있는 뮤지엄

미 타 카
덴 메 이
반 전 주 택

살아 볼 수도 있는 예술가가 지은 집

三鷹天命反転住宅
REVERSIBLE DESTINY LOFTS MITAKA

매다는 수납, 참 멋진 풍경이다.

그리고 색채에도 주목!

짐은 천장에서 늘어뜨려져 있는 고리에 건다.

웃샤!

곡선으로 이루어진 곳은 다리를 벌리고 잘 버텨야 한다.

세면대가 있는 바닥은 곡선

울퉁불퉁한 바닥은 흙을 밟는 것처럼 기분이 좋다.

신체를 중심으로 만들어진 공간

신체를 사용해 환경과 인간의 관계를 배운다.

오감과 직감을 총동원해 자신의 감성을 이해한다. 이것이 헬렌 켈러라고 이름 붙인 이유!

신기하게도 쾌적

사다리를 올라가며 즐기는 견학생들

어디를 보아도 평범한 곳이 없는데

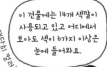

이 건물에는 14개 색깔이 사용되고 있고 어디에서 보아도 색이 6가지 이상은 눈에 들어와요.

대단히 컬러풀!

특정한 색을 띠지 않는 공간

"사는 사람이 공간을 완성한다"라는 건축가의 생각

주거공간에 대해 다시 한번 생각하게 되었다.

다음엔 쇼트스테이를 해봐야지. 언젠가 살아 보고 싶어.

나라면 이곳에서 어떻게 살까?

재활과 은둔형 외톨이 치료에도 주목받고 있다고?!

우웅웅...

저~

여기에 살고 싶어.

화장실 좀…

대학생

좋다~

해먹

커튼은 있다. →

소리가 신경 쓰이면 이걸 사용하세요.

정말로 해결!

무선 ← 청소기

문이 없는 화장실!

어떻게 하지?

미타카 덴메이 반전주택

주소	도쿄도 미타카시 오사와 2-2-8(東京都三鷹市大沢2-2-8)
홈페이지	http://www.rdloftsmitaka.com
가는 길	JR주오선 무사시사카이역(JR中央線 武藏境駅) 남구에서 버스를 타고 오사와(大沢)에서 하차
견학	일반 2,800¥, 초·중고생 1,000¥ *1시간 30분 소요, 일정은 홈페이지 참고
쇼트스테이	최대 2인 타입, 최대 4인 타입 모두 최소 3박 4일 이상 *홈페이지에서 신청

VOL

09

체험할 수 있는 뮤지엄

요 코 하 마
미 술 관

바다와 항구가 있는 거리에서
예술을 즐긴다

横浜美術館
YOKOHAMA MUSEUM OF ART

*2024년 3월 재개관 예정

요코하마의 미나토미라이 지구

근현대미술을 중심으로
약 1만 2천 점의 컬렉션을 소장하고 있다.

요코하마 미술관 ←1989년

이 지역에
가장 먼저
세워진 것

인터콘티넨탈호텔

거대한 관람차
코스모 클락 이전

1999년

중후한 건물은 현대일본
건축의 기초를 확립한
단게 겐조[1]의 작품

1991년

랜드마크 타워

1999년

나는
요코하마
출신

고향을 떠난 지
사반세기…

그동안 엄청나게
변했구나.

입구가
넓은 게
꼭
유럽의
미술관
같아!

예전에는
요코하마에
미술관
같은 건
없었죠.
내가
살던 시절

오른쪽이 기획전

왼쪽은 컬렉션전

〈패션과 아트 - 아름다운 동서 교류〉

먼저 기획전

제비

크리스털
회사
바카라사의 화병
(1870~1880년경)

대단한
솜씨

초대
미야가와
고잔[2]의 화병
(19세기 후반)

대담한
도안

베일이 달린
이브닝 드레스
(1919년경)

일본 전통미는
서양에 영향을
미쳤다.

무늬는
세이가이하[3]

일본 전통문양

수출용 실내복(1906년)

모피가
달린 룸

이런 것도
있었다.

후지산의 그림자

동서 문화
교류의
거점이던
요코하마다운
기획전이네.

세련되네. 탐난다!

역시
요코하마야!

고향 사랑…

그리고 컬렉션전

자연을 투영하다

미술가가 '자연'을 포착하는 방법,
표현 방법이 볼만한 가치가 있다.

세잔 작품

들어가자마자
명화가 즐비

〈생트빅투아르산〉(1892~1895년)

질 조제프 르페브르[6]의 〈자포네즈〉

어느
시대나
여성은
멋내기를
즐긴다!

우키요에[4] 화가
쓰키오카 요시토시의
〈메이지연간
처군지풍속〉[5]
(1888년)

점차 양장이 보급되어 간다.

대만족!

보기만 해도
황홀해.

이마무라 시코[9]의
〈비파나무와 어린 피리새(枇杷二鵏)〉(1913년)

현대 미술적인 표현

이 공간 자체가 작품

널빤지와 유리?!

난가파의 대표작가 스가 기시오[8]의 〈산경(散境)〉 (1990/2017년)

서양 기법으로 그려진 자연이 있는가 하면…

판화가 하세가와 기요시[7]의
〈풀꽃과 아쿠아리움〉(1969년)

→ 너무 좋다! 여러 점이 전시되어 있었다!

일본화의 자연 표현 화조화

'자연'이라는 테마로 감상하니
새로운 발견과 감동이 있고 흥미로워요.

줄리아 마거릿 캐머런[11]의
〈사랑스러운 스케치〉
(촬영연도 미상)

1800~1900년대 사진가의 새로운 시도

마치 그림 같다!

사진과 예술이란?

또 하나의 컬렉션
사진 전시실도 있다.

전체 컬렉션 중 약 4,200점이 사진

조각은 거의 상설 전시

이사무 노구치[12]

복도와 입구로 이어지는 계단 등 여기저기에 있다.

1년에 2~3차례 작품을 교체

기획전, 컬렉션전 모두

살바도르 달리

우메사카 오리[10]의
〈소나무와 달〉
(촬영 연도 미상)

회화주의적 사진
-빅토리아니즘의 융성

1층에는 카페와 뮤지엄숍

카페에서는 기획전 이미지의 한정 메뉴를 즐길 수 있다.

3층에는

미술 정보 센터

미술 관련 도서가 충실

큰직한 책상이 있어 여유롭게 책을 읽을 수 있다.

미술교육에도 힘쓰고 있는

시민 아틀리에

훌륭한 시설

다양한 워크숍을 개최

조각

브론즈 제작

회화

본격적으로 배울 수 있습니다!

판화

어린이 아틀리에에도 있다.

빨리 신청해야지~

미니갤러리에서 지금 전시하는 건

오사라기의 고양이 컬렉션은 귀여워!

댄디!

요코하마 출신 소설가로 고양이를 소재로 한 작품이 많다.

오사라기 지로[13]의 모던 라이프

요코하마 트리엔날레(2017년)에 참가한 작가의 작품 〈요코토리〉

다양한 엽서도!

엽서는 무려 1천여 점이나 된다.

나도 배울래!

워크숍 〈작은 브론즈 작품 만들기〉에 참여했습니다!

높이 6센티미터 정도

브론즈를 어떻게 만드는 건지
비로소 알았다!
아, 재미있었다!

부엉이를
만들었어요.

원하는 것을 만들면 된다.

눈이 제대로
만들어지지 않았지만
그것도 개성이라고…

직접 만들어 보면 미술 작품을 감상하는 눈도 달라지죠.

요코하마 미술관의 야외 전시
〈평화의 젊은 기사〉(1987년)
브론즈

아름답다!
대단한
솜씨군!

요코하마 미술관

주소 가나가와현 요코하마시 니시구 미나토미라이 3-4-1(神奈川県横浜市西区みなとみらい3-4-1)
홈페이지 https://yokohama.art.museum
가는 길 미나토미라이선 미나토미라이역(みなとみらい線 みなとみらい駅) 3번출구에서 도보 3분

VOL
10

인류의 도전을 확인하는 뮤지엄

다마로쿠토 과 학 관

세계 최대 플라네타륨을 갖춘
참여체험형 과학관

多摩六都科学館
TAMAROKUTO SCIENCE CENTER

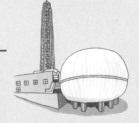

← 스카이타워 니시토쿄

다마 로쿠토 과학관

기네스 인증 세계 최대 플라네타륨이 있다고?!

고다이라, 히가시무라야마, 히가시쿠루메, 기요세, 니시토쿄의 5개 시가 운영

흥미로운 것이 많아요.

플라네타륨 말고도

그래서 로쿠토?*

예전에 니시토쿄는 다나시, 호야였다. → 합병

참여체험형 과학관

*로쿠토는 고다이라, 히가시무라야마, 히가시쿠루메, 기요세, 다나시, 호야의 6개 시를 의미

전시실 1

챌린지의 방

'우주, 물리, 과학이란 무엇인가'를 체감하는 방

만화경 속은 어떤 느낌일까?

삼면경 안에 들어가 본다.

인기 체험 장치 문워커

지구(벽화)

실물 크기 우주왕복선 전시

달과 똑같은 중력을 느끼며 이동할 수 있다.

얍! 가볍게 찬다.

오오! 날아가~

슈웅~

우와, 크다.

수치 → 이건 150야!

이것도 해보자!

어른도 즐깁시다!

신나 보이는 아이들

여러 금속 플레이트에 전극을 대고 측정한다.

1970년 오사카만국박람회 무렵에 제작된 아이자와 로봇

현재 12개만 남아 있는 귀중한 로봇 (여기에 2개 전시)

전시실 3
구조의 방

눈에 보이지 않는 신기한 사물의 구조를 설명

유리로 만들어져 속이 훤히 보인다.

피아노의 구조

신체 구조, 오감에 대해 다양한 체험을 할 수 있다.

전시실 2
인체의 방

인체는 어떻게 생겼을까?

← 인체 모형

램프로 구조를 비춘다.

스위치

화석

전시실 5
지구의 방

다치카와 롱층 ↕ 무사시노 롱층

흙과 돌로 이루어진 것을 볼 수 있다.

↑ 지층을 표현한 기둥

과연!

많은 발견이 있어요.

흥미진진!

친근한 것부터 역사, 우주까지

그리고

때까치의 먹이 저장

표본이 충실해서 곤충 애호가는 잔뜩 기대!

전시실 4
자연의 방

자연과 생물을 이해한다.

무사시노의 잡목림을 재현

팡

이때는 〈오리온의 붉은 별 베텔기우스의 최후〉를 상영

초신성 폭발! 엄청난 힘!

플라네타륨! 별하늘에 압도된다!

야, 정말 재밌다!

← 겨울 하늘

계절마다 별을 보러 오고 싶어!

1억 4천만 개의 별을 투영 (이게 세계 최대!)

다마로쿠토 과학관

주소	도쿄도 니시토쿄시 시바쿠보초 5-10-64(東京都西東京市芝久保町5-10-64)
홈페이지	https://www.tamarokuto.or.jp
가는 길	세이부신주쿠선 하나코가네이역(西武新宿線 花小金井駅) 북구에서 하나버스 다나시역행 (はなバス 田無駅行) 타고 다마로쿠토 과학관(多摩六都科学館) 하차 후 도보 8분
개관시간	9 : 30~17 : 00 *폐관 1시간 전까지 입장
휴관일	월요일(공휴일이면 다음 날), 연말연시 등 *방학기간에는 월요일도 개관, 홈페이지 참고
입장료	일반 : 전시실 520¥, 전시실+플라네타륨 또는 대형영상 1회 관람 1,040¥, 전시실+플라네타륨 1회+대형영상 1회 1,460¥

VOL

11

인류의 도전을 확인하는 뮤지엄

도 코 로
자   와
항 공 발 상
기   념   관

비행기는 어떻게 나는 걸까?

所沢航空発祥記念館
TOKOROZAWA AVIATION MUSEUM

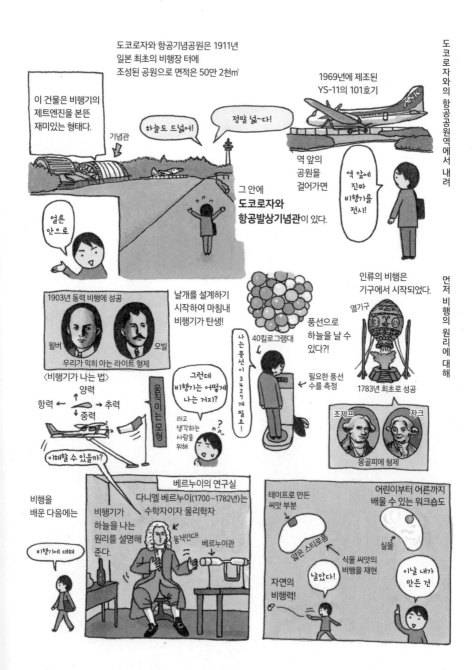

라이트 형제보다 먼저 비행기를 고안한 남자가 있었다!

채용해 주는 곳이 없었다(1894년경).

라이트 형제의 성공을 알고 단념(1903년)

니노미야 주하치 (1866~1936년)[1]

군용에서 민간을 위한 비행기로

초기의 승무원들

역사가 깊구나~

일본 최초의 동력 비행 성공! 디오라마

이렇게 멋있는 비행기였다!

* 도코로자와가 아니라 도쿄의 요요기에서

세계의 역사

스위치로 점등

하늘의 위인들의 비행 경로

비행은 로망~

라이트 형제의 풍동 실험 장치

복제품

레오나르도 다 빈치의 그림

비행 이미지 영상

실물 비행기 전시

16대 정도! 이건 완전 압권!

위에도!

비행기를 설계한 기무라 히데마사[2] 흉상 등

2층에는

코스프레할 수 있는 코너도 있다.

도코로자와 메모리얼 갤러리

개관 당시의 시설 사진

체험전시

상하좌우 외에 미세한 각도 조작이 있어서 비행기 조종은 어렵다.

플라이트 시뮬레이터

도코로자와 상공

어어?!

어어!

마치 날고 있는 것 같아.

2층에서 바라보는 것도 좋다.

이런 레버로 조종하는구나.

발아래가 유리여서 무서워!

조종석에 앉아 봤다.

비행기 내부를 볼 수 있어 항공기를 좋아하는 이들에게는 최고!

관제탑

1992년 3월까지 현역이었다!

기념관에는 비행기 관련 상품을 갖춘 뮤지엄숍, 식사를 할 수 있는 레스토랑 등도 있습니다.

비행기의 위력을 알았다.

신났어.

에펠탑

AIR FRANCE

PARIS - TOKIO

포스터 1952년 등 전시

〈일본과 프랑스 100년 비행의 여정〉

1919년

공원에 흉상이 있어요.

폴 대령 등 항공교육단이 일본에 도착

특별전도 개최

헤드 디스플레이

신기!

가상현실 (VR)로 파리 투어를 체험할 수 있다!

도코로자와 항공발상기념관

주소	사이타마현 도코로자와시 나미키 1-13(埼玉県所沢市並木1-13)
홈페이지	https://tam-web.jsf.or.jp
가는 길	세이부신주쿠선 고쿠코엔역(西武新宿線 航空公園駅) 동구에서 도보 8분
개관시간	9：30~17：00 *폐관 30분 전까지 입장
휴관일	월요일(공휴일이면 다음 날), 12월 29일~1월 1일 *임시휴관 있으므로 홈페이지 참고
입장료	일반：전시관 520¥, 대형영상관 630¥, 전시관＋영상관 840¥

VOL

12

인류의 도전을 확인하는 뮤지엄

일본과학미래관

미래는 먼 앞날이 아니다

日本科学未来館
MIRAIKAN THE NATIONAL MUSEUM OF
EMERGING SCIENCE AND INNOVATION

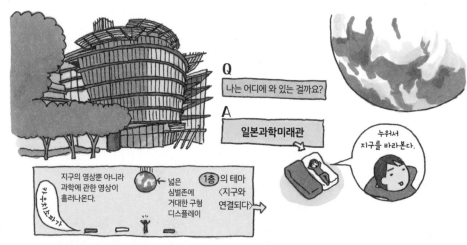

Q
나는 어디에 와 있는 걸까요?

A
일본과학미래관

누워서 지구를 바라본다.

지구의 영상뿐 아니라 과학에 관한 영상이 흘러나온다.

카구야쯔파가

넓은 심벌존에 거대한 구형 디스플레이

1층의 테마 〈지구와 연결되다〉

상설전시존은 3층부터

3층 〈미래를 만들다〉

이런 것들을 생각하게 하는 콘텐츠가 가득!

미래에 우리의 사회와 생활은 어떻게 될까? 어떻게 해야 할까?

체험하면서 배울 수 있다.

안드로이드

즐거우세요?
말한다!
원격조작으로 움직인다.
오토나로이드

인간 같은 매끄러운 피부와 외모를 가졌고 움직인다.

커뮤니케이션 능력의 향상을 중시하여 형태 최소화했다.

텔레노이드(원격 커뮤니케이션 로봇)

진짜 사람 같아!

가까운 미래에 이런 안드로이드 생활이 가능할지도 몰라…

딸다리가 없어?!

노벨 Q

20여 점

이곳을 방문한 노벨상 수상자들이 직접 쓴 메시지가 있다.

노벨평화상을 받은 오바마 대통령도 방문

아나구라의 노래

음악이 나오는 등 여러 장치가 있다.

발 아래 나타나는 ME는 이동하거나 몸짓을 하면 변한다.

미래 실험장치 5개를 찾아내면 빛이 커진다.

미래역산사고

끝난 후에는 후손이 보낸 편지를 받을 수 있다.

매우 애절한 내용!

2022년에 격침 쇼크!

시뮬레이션 게임일 뿐이지만

여기에서 조작

안전한 루트를 그리고 지구를 출발시킨다.

50년 후 자손들에게 어떤 지구를 물려줄 수 있을지 게임처럼 체험하는 전시

조상님께… 도착하지 않았습니다. 우리 시대에는 남겨진 얼마 안 되는 자원을 서로 쟁탈하려는 싸움이 일어나고 있습니다. …조상님, 부탁드립니다!

다양한 장애

50년 후

노벨상 수상 박사와 실험할 수 있는 정말 흥미로운 실험실도 있다.

5층

지구 모형인 지오코스모스를 보면서 올라간다.

상설전시존 〈세계를 탐색하다〉

우리가 살아가는 세계의 메커니즘은 어떤 것일까?

국제 우주정거장

미래관을 방문했던 우주 비행사들의 사인이 있는데 아폴로 11호의 비행사 사인도

안에 들어가면 우주정거장의 실제 모습을 볼 수 있다.

바닥이 경사져서 우주에 있는 느낌

우주 화장실!

어린이도 이해하기 쉬운 해설

나와 여러분 그리고 당신

'자기 자신'이란 무엇인가? 협조와 협력으로 이어지는 힘이란?

침팬지의 지능과 비교하는 코너가 있는데 하나도 못 했어!

100억 명이 서바이벌

자연재해가 발생했을 때 어떻게 위험이 다가오는지 말로는 설명하기 어려운 것을 시각화

한 시간에 한 번 정도 쾅 하고 온다.

지진　화산　감염물질　과학기술

균형이 무너지면 위험!

빨간 공 이게 예측할 수 없는 위험!

아악~!

사람들이 도미노처럼 쓰러져요!

무서워라!

가만히 보고 있으려니 실감이 난다.

모두 전문가로 파란 조끼를 입고 있습니다.

현직 자연과학부　전직 교수

무척 흥미진진하지만 잘 이해가 가지 않을 때는 자원봉사자에게 물어보자!

이동수단인 UNI-CUB를 타고 미래관 투어를 즐길 수 있다.

그리고

6층

한번 볼만한 돔시어터 (감상료는 별도)

7층은 전망라운지

도쿄타워　레인보 브릿지　후지텔레비전

처음에는 꼭 미래의 모습 같다고 느꼈었는데…

영화 〈주온〉의 감독 작품

3D 작품 〈9차원에서 온 남자〉(30분)는 풀돔 페스티벌 수상작이다.

박진감

9차원에 대한 어려운 내용을 근사한 영상과 드라마로 즐길 수 있다.

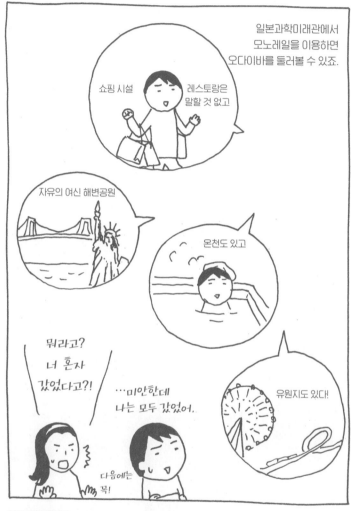

일본과학미래관

주소	도쿄도 고토구 아오미 2-3-6(東京都江東区青海2-3-6)
홈페이지	https://www.miraikan.jst.go.jp
가는 길	신코쓰유리카모메 텔레콤센터역(新交通ゆりかもめ テレコムセンター駅)에서 도보 4분
개관시간	10：00~17：00 *폐관 30분 전까지 입장
휴관일	화요일(공휴일이면 개관), 12월 28일~1월 1일 * 방학기간에는 화요일 개관, 홈페이지 참고
입장료	일반 : 상설전 620¥, 상설전+돔시어터 940¥ / 6세 이상~18세 이하 : 상설전 210¥, 상설전 +돔시어터 310¥ / 6세 이하 100¥

VOL

13

예술가의 인생을 느끼는 뮤지엄

하 야 시
후 미 코
기 녑 관

작가의 생활공간을 보며
예술가의 삶을 생각한다

林芙美子記念館
HAYASHI FUMIKO MEMORIAL MUSEUM

작가 하야시 후미코[1]로 말하자면

花の いのちは みじかくて 苦しきことのみ 多かりき

"꽃의 생명은 짧고 괴로운 일뿐이구나."

이 시가 쓰여 있는 것을 고등학생 시절에 샀다.

부지 내에 집이 두 채 세워져 있는 독특한 구조다.

많은 명작을 남긴 작가. 겨울의 거처는 도쿄 시내의 오치아이

하야시 후미코 기념관이 되어 견학할 수 있어요.

하야시 후미코의 소설 〈방랑기〉는 연극으로 공연되었다.

먼저 생활공간

남향으로 난 쾌적한 자노마[2]

| 남편 명의의 집 | 중정 | 후미코 명의의 집 |

제2차 세계대전 중에는 30평이 넘는 주택을 지을 수 없다는 제한이 있어서 두 채로 나누었다고 한다.

후미코 쪽=생활공간
남편 쪽=아틀리에공간
(남편은 화가 데즈카 마사하루)

이 집 진짜 멋지다!

둘로 나뉘어 불편해 보이지만

욕실에서는 단풍이 보인다.

부엌과 욕실은 사용하기 편리하고 아름답다.

생활공간은 고급스럽게

집에서 작업하는 사람에게는 쾌적한 구조예요.

살아보고 싶어~

건물 곳곳에서 취향을 엿볼 수 있다.

이층침대가 있는 도우미방
(침대열차를 이미지화)

주로 원고를 받으러 온 편집자들이 기다리던 방이라고 하네요.

정말 아름다운 방인데

인기 작가였으니까.

응접실은 검소하게

북향의 작은 방

48세에 심장마비로 쓰러질 때까지 이 방을 썼다.

정원이 잘 보인다.

내부에서

아틀리에공간

작업실 겸 서재

유리

무라오카 하나코,[3] 쓰보이 사카에[4] 등 작가들과의 교류도 기린다.

모두 내가 방문했을 때의 것
(전시 내용은 1년에 여러 차례 변경)

← 즐겨 입던 원피스

후미코의 그림

↑ 친구에게 받은 시

즐겨 사용하던 컵

가장 넓은 공간인 아틀리에는 현재 전시실로 공개

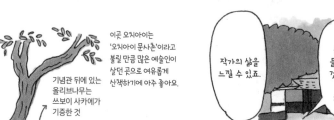

이곳 오치아이는 '오치아이 문사촌'이라고 불릴 만큼 많은 예술인이 살던 곳으로 여유롭게 산책하기에 아주 좋아요.

기념관 뒤에 있는 올리브나무는 쓰보이 사카에가 기증한 것

역시 오치아이에 살았다.

작가의 삶을 느낄 수 있죠.

정원을 즐기면서 들여다보는 것만으로도 충분히 재미있고

특별공개일 외에는 건물 안에 들어갈 수 없지만

부러워!

계절마다 피는 꽃도 장관

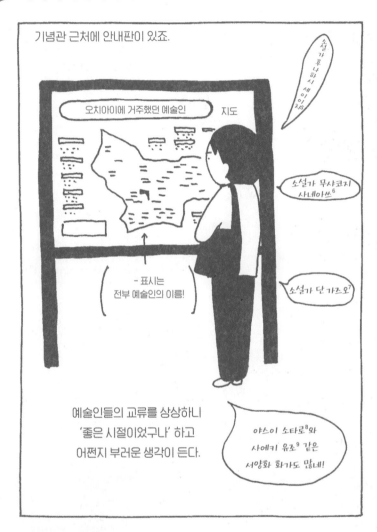

하야시 후미코 기념관

주소	도쿄도 신주쿠구 나카이 2-20-1(東京都新宿区中井2-20-1)
홈페이지	https://www.regasu-shinjuku.or.jp/rekihaku/fumiko
가는 길	도에이오에도선·세이부신주쿠선 나카이역(都営大江戸線·西武新宿線 中井駅)에서 도보 7분
개관시간	10：00~16：30 *폐관 30분 전까지 입장
휴관일	월요일(공휴일이면 다음 날), 12월 29일~1월 3일 *홈페이지 참고
입장료	일반 150¥, 초등·중학생 50¥

VOL

14

예술가의 인생을 느끼는 뮤지엄

조 후 시
무 샤 코 지
사 네 아 쓰
기 념 관

인간애를 추구한 예술가의 삶을 느낀다

調布市武者小路実篤記念館
CHOFU CITY MUSHAKOUJI SANEATSU
MEMORIAL MUSEUM

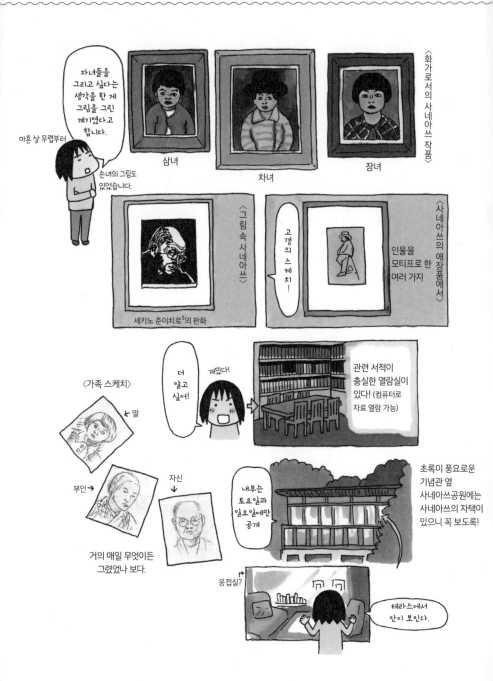

자녀들을 그리고 싶다는 생각을 한 게 그림을 그린 계기였다고 합니다.

마흔 살 무렵부터

손녀의 그림도 있었습니다.

〈화가로서의 사네아쓰 작품〉

삼녀

차녀

장녀

〈그림 속 사네아쓰〉

세키노 준이치로[5]의 판화

고갱의 스케치!

〈사네아쓰의 애장품에서〉

인물을 모티프로 한 여러 가지

〈가족 스케치〉

딸

부인 →

자신

거의 매일 무엇이든 그렸었나 보다.

더 알고 싶어!

재밌다!

관련 서적이 충실한 열람실이 있다! (컴퓨터로 자료 열람 가능)

초록이 풍요로운 기념관 옆 사네아쓰공원에는 사네아쓰의 자택이 있으니 꼭 보도록!

내부는 토요일과 일요일에만 공개

응접실?

테라스에서 안이 보인다.

조후시 무샤코지 사네아쓰 기념관

주소	도쿄도 조후시 와카바초 1-8-30(東京都調布市若葉町1-8-30)
홈페이지	http://www.mushakoji.org
가는 길	게이오선 쓰쓰지가오카역·센가와역(京王線 つつじヶ丘駅·仙川駅)에서 도보 10분
개관시간	9：00~17：00
휴관일	월요일(공휴일이면 다음 날), 12월 29일~1월 3일 *홈페이지 참고
입장료	일반 200¥, 초등·중학생 100¥

VOL

15

예술가의 인생을 느끼는 뮤지엄

아 이 다
미 쓰 오
미 술 관

촌철살인의 시인이자 서예가를 만난다

相田みつを美術館
MITSUO AIDA MUSEUM

아는 사람 집 화장실에서

"인간인걸."

낯익군.

어딘가에서

본 것 같은데…

도쿄국제포럼

이벤트 때문에 몇 번 온 적은 있는데…

여기 지하에

아이다 미쓰오[1] 미술관이 있습니다.

그런데 아이다 미쓰오가 어떤 작가인지 모르는 사람이 많지 않을까?

여기에서 진짜 미쓰오를 만나 보자!

제57회 기획전
아이다 미쓰오 탄생 90년
제3탄 〈평생감동 평생청춘〉
* 기획전은 1년에 여러 차례 바뀐다.

"평생 무언가에 감동하고 평생 생명을 불태우면 평생 깨닫지 못해도 족하다."

↑
올림픽 메달리스트 선수가 마음의 의지로 삼았다는 이 글이 전시되어 있었다.

곳곳에 해설과 에피소드가 적혀 있어 어떤 생각과 상황에서 썼는지 잘 알 수 있다.

소장 작품 800점 중에서 기획에 따라 100점가량 전시

사실 나도 몰라요.

이번에는 미쓰오의 '감동'을 주제로!

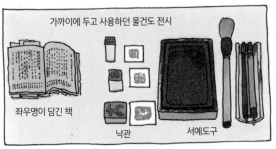

가까이에 두고 사용하던 물건도 전시

좌우명이 담긴 책

낙관

서예도구

"지키지 못할 약속은 하지 않는다."

아이다의 글은 누구에게나 자기 이야기처럼 들린다.

으윽!

가슴에 콕!

이 말이 마음에 꽂혔다.

납득이 가는 글이 하나도 없다.

서예와 시에 얼마나 진지하게 몰두했는지 이해할 수 있다.

영상 코너

젊은 시절의 작품

聖澤雲天何以報臣心
鐵石未全衰

정통파의 글씨!

현재 높이 평가받고 있는 아이다 미쓰오의 창작 배경과 만날 수 있는 것도 미술관 아니고는 할 수 없는 체험

어머, 멋진 남자다.

라는 아주머니들의 감상

확실히 멋있다.

포춘쿠키!

재밌어!

화장실용 달력

아이다 미쓰오의 세계에 흠뻑 젖은 다음에는

생명 가득

아틀리에 재현

관내는 제1홀과 제2홀로 나뉘어 있다.

제2홀은

뮤지엄숍

내 포춘쿠키에서는 "지금부터 여기부터"라는 게 나왔습니다.

내 것도 친구 것도!

다양한 상품이 있다.

기획전 다카하시 마유미 인형전

*아이다의 글에서 소재를 얻은 신작 인형이 전시되어 있었다.

미술관 관장은 아이다 미쓰오의 아드님

관장님

가끔 '관장의 미술관 가이드투어'가 열립니다.
이야기를 들으며 작품을 감상하면
아이다 미쓰오를 보는 새로운 눈이 생길지도…

다정한 분위기가
느껴진다.

어린이에게 주는 한 수
"어떤 길을 어떻게 걸어가든 생명 가득 살아가면 된단다."

부모도
자식도
모두
공감할 수
있는 글

감동스럽다.

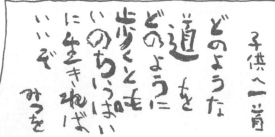

아이다 미쓰오 미술관

주소	도쿄도 지요다구 마루노우치 3-5-1 도쿄코쿠사이포럼 지하 1층(東京都千代田区丸の内3-5-1 東京国際フォーラム地下1階)
홈페이지	http://www.mitsuo.co.jp
가는 길	JR야마노테선 유라쿠초역 고쿠사이포럼구(JR山手線 有楽町駅 国際フォーラム口)에서 도보 3분
개관시간	10：00~17：00 *폐관 30분 전까지 입장
휴관일	월요일, 연말연시, 전시교체기간 *홈페이지 참고
입장료	일반 · 대학생 1,000¥, 중고생 800¥, 초등학생 300¥

VOL

16

예술가의 인생을 느끼는 뮤지엄

아사쿠라
조 소 관

고양이를 사랑한
'동양의 로댕'의 아틀리에

朝倉彫塑館
ASAKURA MUSEUM OF SCULPTURE

여기에
다이토구 구립
**아사쿠라
조소관**이
있습니다.

비 내리는 닛포리

신을
벗고
들어
가야
해요.

'동양의 로댕'이라 불린
아사쿠라 후미오의
아틀리에 겸 자택인
이 건물은 유형문화재.

아사쿠라 후미오(1883~1964년)[1]

아틀리에

천장이
높고
넓다.

대표작
〈묘지기〉
↵

힘 있는 브론즈 작품이 다수

조소의
아름다움을 만끽

근엄하지만
온기가 있는
인물상

시인이자 조각가
다카무라 고타로[2]의
〈손〉이 전시되어 있었다.

서재

응접실

책에서 본 적 있다!

천장까지
책이
빼곡하군.

여기에서 알아차렸다.

어라? 여기는
목조 건물이잖아.

인골 표본이
있다.

아사쿠라와 다카무라는
동갑이었다고 한다.

*아틀리에와 서재는 서양식 철근콘크리트 건물이다.

아침 햇살의 방

천장 → 안쪽은 고급 삼목재
바닥 → 한 장으로 된 소나무 마루
내벽 → 곱게 가루 낸 붉은 마노를 발랐다.
외벽 → 전복 등 푸른빛 도는 조개를 곱게 가루 낸 것을 발랐다.

아사쿠라 조소관은 조소와 조각 작품 외에 건물과 인테리어도 훌륭하다.

아틀리에 등
(철근콘크리트)

응접실부터가 거주공간(목조)

두 건물들을 잇는 복도에서 보니 이런 식으로 되어 있다.

아사쿠라 자신의 취향이 담긴 설계

아름다운 일상용품이 많아 눈 호강을 했다.

동남아의 구리그릇 컬렉션

북쪽 테라스

유호 컬렉션

내가 좋아하는 아사쿠라의 컬렉션

코담배병 컬렉션

북쪽 테라스

네쓰케4 컬렉션

응접실

일본과 동양의 민예품들이!

날씨가 좋은 날에는 옥상정원을 볼 수 있는데 이날은 비가 와서…

정말 근사한 정원

고양이를 좋아하는 사람들에게!

난의 방

고양이 조소를 모은 방

이 방은 난을 기르는 온실이었던 곳이라 환하고 쾌적하다.

아사쿠라는 평생 고양이를 모델로 조소를 제작했다.

비에 젖은 조소도 아름답네.

야외 → 전시 작품 〈구름〉

〈먹이를 먹는 고양이〉

아사쿠라 조소관

주소	도쿄도 다이토구 야나카 7-18-10(東京都台東区谷中7-18-10)
홈페이지	http://www.taitocity.net/zaidan/asakura
가는 길	JR야마노테선·게이세이선 닛포리역(JR山手線·京成線 日暮里駅) 북개찰구를 나와 서구에서 도보 5분
개관시간	9：30~16：30 *폐관 30분 전까지 입장
휴관일	월·목요일(공휴일이면 다음 날), 연말연시, 전시교체기간 *홈페이지 참고
입장료	일반 500¥, 초·중고생 250¥

VOL

17

예술가의 인생을 느끼는 뮤지엄

구 시라스
저 택
부아이소

정치가와 문인 부부의
멋있는 일상을 느낀다

旧白洲邸 武相荘
BUAISO

분위기 좋다~

바 &
갤러리

간판

이 문을 지나면

도쿄 인근 마치다의 주택가

부아이소

그리운 옛 시절로
돌아간 것 같아!

옆에는

부아이소

레스토랑 &
카페

시라스 부부[1]의 자택을 공개
(2001년 개관, 2015년 리뉴얼 오픈)

건물은 모두 원래 별채로 사용되던 것이다.

본채

일본 전통
자수기법인
사시코 작품

세련된 물건들이
마치 누군가
사용하고 있는
것처럼 놓여 있다.

총리를 지낸
요시다 시게루에게 받은
지팡이가 무심하게

들어가면 바로 거실. 생전에 사용하던 물건들이 전시되
어 있다.

여기부터는 신을 벗고 들어간다.

부아이소
가을

계절마다
전시가
바뀐다.

옛것을 좋아하는 사람에게는 반가운

뛰어난 안목을 가졌던
두 사람의 컬렉션

에도시대의 등불

수필가였던 부인
시라스 마사코의 서재에서
그녀의 흔적을 느낄 수 있다.

8세기 중반의
부서진 토관

하지만 시라스 지로에 대해서는

종전 후 일본을 움직인 남자…

이곳이 마사코 씨의 서재네.

마사코의 남편, 멋진 남자 정도로만 알고

있었죠.

지로가 마사코에게

"당신이야말로 내 발상의 원천이며 최고의 이상이오."

약혼 시절에 보냈다는 이 사진이 또 얼마나 멋진지!

마사코가 지로에게

"내가 가장 사랑하는 사람에게"

그리운 시절로 돌아간 것 같아!

시라스 지로에 대해 새로 알게 된 사실이네요.

영어로 쓰인 연설 원고를 시라스 지로가 일본어로 다시 쓰게 했다는 엄청 긴 두루마리

이런 전시도 있었다.

제2차 세계대전 후 대일강화 조약 체결 당시 요시다 시게루의 수락연설 원고(복제)

결코 규모가 크지 않지만 볼거리가 많다.
몇 번을 보아도 새로운 발견의 기쁨이 있다.

사계절 절기마다 자연을 즐길 수 있다.

집 주위의 산책로도 참 좋아요.

게다가 사상가 후쿠자와 유키치[3]의 글씨까지

대단한 물건들이 너무 많아!

방에 걸려 있는 건 부인 마사코의 조부가 쓴 것

이로리가 있는 방에는 계절에 맞는 그릇을 전시

눈 호사~

그릇도 의상도 정말 좋아!

구 시라스 저택 부아이소

주소	도쿄도 마치다시 노가야 7-3-2(東京都町田市能ヶ谷7-3-2)
홈페이지	https://buaiso.com
가는 길	오다큐선 쓰루카와역(小田急線 鶴川駅) 북구에서 도보 15분
개관시간	10:00~17:00 *폐관 30분 전까지 입장
휴관일	월요일(공휴일이면 개관) *하계, 동계 휴관 있으므로 홈페이지 참고
입장료	1,100¥ *초등학생 이하는 입장 불가

VOL

18

예술가의 인생을 느끼는 뮤지엄

하 코 네
랄 리 크
미 술 관

예술로 승화한 보석과
유리의 세계에 잠긴다

箱根ラリック美術館
LALIQUE MUSEUM HAKONE

작은 브로치 〈실피드〉

유리세공사
르네 랄리크

같은 해에 태어난
두 사람은 같은 시기에
파리에서 활약했다.

1860년

이 사실을
오늘 비로소
깨달았다.

둘 다
좋아하는
작가

아르누보의 두 총아를 한자리에 모은
세계 최초의 전람회

알폰스 무하의 그림 〈봄〉

풍요로운
자연이 있고 넓다!

하코네
랄리크
미술관

기획전
〈무하와 랄리크〉가
열리고 있었다.

생활 속 예술

무하의 그림

1900년
전후의 난로

이런
고생스러운
시기를
거친 점도
닮았어요.

보석공방의
세공사였던 랄리크

브로치 〈나비〉

진귀한 초기의 작품

그림책
삽화가였던
무하

〈개구리 왕자〉

아름다운 작품을 감상하며
미술관 안을 거닐다 보면
이런 공간과 만난다.

그림 같은 정원을
바라볼 수 있는 테라스

예술로 승화한
유리공예

1925년 아르데코박람회에는
'랄리크관'이 세워져
유리조각상 128개로
구성된 분수가 만들어졌다.

그중 하나 →

티아라를 쓴
사라의 사진도

눈부시게
화려하다!

무하가 디자인하고
랄리크가 제작했다는
무대용 티아라
〈백합〉

SARAH·BERNHARDT
LA PLVME

두 사람 모두
대여배우
사라 베르나르[1]가
재능을 발견하여
활약

천장 조명은

랄리크 작품

고국 체코를 위한
그림에도 정열을
쏟은 무하

〈사과를 든 소녀〉

〈회오리바람〉

만년에는 유리공예의
길을 걸은 랄리크

꽃병

이 미술관에서
반드시 봐야 하는 또 하나는

오리엔트
특급열차!
진품이다!

만들어진 당시
그대로인 자리에서
케이크세트를
즐길 수 있다.

이 차량의
실내장식을
한 게 바로
랄리크!

왜
여기에?!

이 유리 가리개는
매우 아름답다.

*당일 현지 예약

브로치 〈엉겅퀴〉

어느 쪽에서나
감상할 수 있다.

뒤까지도
완벽하다!

작품은 유리 상자에
전시되고 있어서

그리고 상품이 충실한
뮤지엄숍과 세련된 테라스가 있는작가의 마음이 느껴지는
캐주얼 프렌치 레스토랑이 있다.　전시회였습니다.

무하풍

하코네 센고쿠하라에는
그 밖에도 볼거리가 많이 있죠.

폴라미술관(ポーラ美術館)

하코네 유리의 숲 미술관(箱根ガラスの森美術館)

하코네 습생화원(箱根湿生花園)

어린 왕자 뮤지엄(星の王子ミュージアム)

등

둘러본 다음에는 역시 온천이지~

하코네 랄리크 미술관

주소 가나가와현 아시가라시모군 하코네마치 센고쿠하라 186-1(神奈川県足柄下郡箱根町仙石原186-1)
홈페이지 http://www.lalique-museum.com
가는 길 도카이도신칸센 JR오다와라역(東海道新幹線 JR小田原駅)에서 하코네등산버스 고지리·도겐다이
행(箱根登山バス 湖尻·桃源台行き) 승차, 센고쿠안내소 앞(仙石案内所前) 하차
개관시간 9：00~16：00(카페는 17：00) *폐관 30분 전까지 입장
휴관일 매월 셋째 목요일(8월은 무휴) *임시휴관 있으므로 홈페이지 참고
입장료 일반 1,500¥, 고등·대학생 및 65세 이상 1,300¥, 초등·중학생 800¥

정취를 만끽하는 뮤지엄

정 립
유 가 와 라
미 술 관

온천 지역에 위치한
깊은 정취가 있는 미술관

町立湯河原美術館
YUGAWARA ART MUSEUM

온천 휴양지 유가와라에

외관도 내부도 복고풍 정취가 감도네.

1998년 개관했는데

벽돌로 세워진 미술관

원래는 유서 깊은 료칸이었다.

1958년에 개축된 건물

미술관 내 전시는 세 공간으로 나뉘어 있다.

히라마쓰 레이지[1]관

가마쿠라에 살며 유가와라를 사랑한 일본화 화가

한 월간지의 표지를 10년간 그린 그 화가?!

2000년부터 2010년까지 일본의 대표적 월간지의 표지화를 담당

〈도카이후지도(東海富士図)〉

~에는 보지 못한 ~작(喜雀)〉(부분)

이 화가의 새 그림은 참 좋아.

미술관이 되기 전 이곳이 료칸이던 때 만년의 세이호가 살았다.

상설관

유가와라와 인연이 있는 화가의 작품 컬렉션

그중에서도 다케우치 세이호[2]

"동의 다이칸,[3] 서의 세이호"라고 일컬어지는 일본화 화가

〈죽리금성(竹裏禽聲)〉

〈나이아가라〉

원화도 전시
표지도 전시

文藝春秋

비교해 보는 재미

원화는 박진감 넘친다!

유가와라에 있는 뮤지엄

세 곳 더

조사해 보니 가보고 싶은 곳이
몇 곳 더 있었습니다.

인간국보[5] 미술관(人間国宝美術館)

인간국보가 빚은 찻잔으로 차를 마실 수도 있다.

인간국보 작가들의 작품을 전시

하마다 쇼지[6]의 큰 주발(大鉢)

보기만 하는 게 아니다!

호박미술관(かぼちゃ美術館)

미술가 구사마 야요이의

호박을 모티프로 한 작품 전시

미술관에는 호박카페도 있다.

이 책의 국립신미술관 소개 페이지에도 나옵니다.

니시무라 교타로[7] 기념관
(西村京太郎記念館)

니시무라 교타로라고 하면 이거지!

미스터리소설계의 중진 니시무라는 유가와라에 살았었다!

기념관에서는 육필원고와 애장품 컬렉션을 전시

2시간짜리 드라마의 정착

〈도쓰가와 경부〉 시리즈[8]

기획전시실

이 커튼 뒤의 공간은

유가와라에 거주하는 작가들의 작품전 외에 다양한 기획 전시도

내가 갔을 때는 염색 작품

염색을 좋아해.

쾌적한 휴게실~

창밖으로는 정원이!

이 연못의 수련은 히라마쓰 화백이 프랑스의 모네재단으로부터 받은 것

서양화 화가 야스이 소타로[4]

료칸이던 시절 이곳에서 그렸다.

전시는 미술관 내 전부 1년에 4회 교체
(일부는 1년 내내 전시)

〈붉은 다리가 보이는 풍경〉

작품을 떠올리면서 온천 거리를 걷는 것도 즐겁다.

어디에서 그린 걸까?

붉은 다리가 저건가?

세이호바시

화가 이름?

絵風楼

絵風楼

미술관을 나서면

정립 유가와라 미술관

___

주소 가나가와현 아시가라시모군 유가와라마치 미야카미 623-1(神奈川県足柄下郡湯河原町宮上623-1)

홈페이지 https://www.town.yugawara.kanagawa.jp/site/museum/

가는 길 도카이도본선 유가와라역(JR東海道本線 湯河原駅) 하차, 개찰구를 나와 2번승강장에서 후도타키·오쿠유가와라행(不動滝·奥湯河原行) 버스를 타고 미술관 앞에서 하차

개관시간 9 : 00~16 : 30 *폐관 30분 전까지 입장

휴관일 수요일(공휴일이면 다음 날), 매월 넷째 화요일, 12월 26~31일 *홈페이지 참조

입장료 일반 600¥, 초등·중학생 300¥

VOL

20

정취를 만끽하는 뮤지엄

야 요 이
미 술 관

레트로 정취가 물씬 풍기는 미술관

弥生美術館
YAYOI MUSEUM

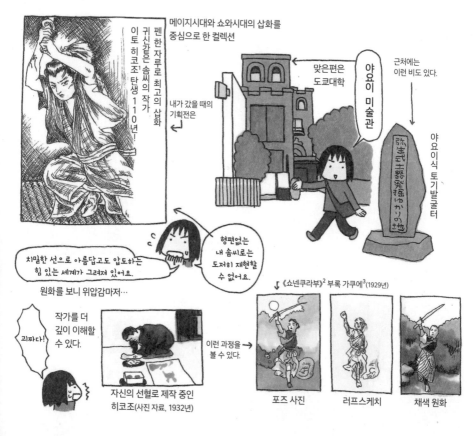

메이지시대와 쇼와시대의 삽화를 중심으로 한 컬렉션

펜 한 자루로 최고의 삽화 귀신같은 솜씨의 작가 이토 히코조 탄생 110년!

내가 갔을 때의 기획전은

맞은편은 도쿄대학

야요이 미술관

근처에는 이런 비도 있다.

야요이식 토기 발굴터

치밀한 선으로 아름답고도 압도하는 힘 있는 세계가 그려져 있어요.

형편없는 내 솜씨로는 도저히 재현할 수 없어요.

원화를 보니 위압감마저…

괴짜다!

작가를 더 깊이 이해할 수 있다.

자신의 선혈로 제작 중인 히코조(사진 자료, 1932년)

이런 과정을 볼 수 있다.

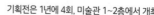
《쇼넨쿠라부》[2] 부록 가쿠에[3](1929년)

포즈 사진

러프스케치

채색 원화

기획전은 1년에 4회, 미술관 1~2층에서 개최

3층은 다카바타케 가쇼[4] 컬렉션
1년에 4회 전시 교체

미소년화도 뛰어났던 가쇼

야요이 미술관은 이 그림과의 인연으로 세워졌다.[5]

로맨틱한 미소녀화 ♥

창립자를 위해 그린 〈신(新)고향이여 안녕!〉(1965년)

↑

살짝 감동

이런 에피소드도 전시되어 있어요.

〈고향이여 안녕!〉(1929년)

혼고 기쿠후지호텔 터

주변에는 1900년대 초반의 사적이 많다.

本郷菊富士ホテルの跡

2층에서 건너갈 수 있는 별관 **다케히사 유메지 미술관**으로

주사위놀이판의 그림 일부

12 かぜひき

서로 다른 분위기의 작품들!

다니자키 준이치로, 미키 기요시, 다케히사 유메지 등 당시의 쟁쟁한 인기 작가들이 머물던 호텔

아예 혼고에 거주한 작가도 많았다!

《동요소곡》의 표지화 일부

여기도 1년에 4회 전시 교체

사실 레트로 감성의 소녀 취향인 나는 뮤지엄숍에서의 쇼핑을 기대

유메지의 북커버

가쇼의 포스트잇

나쓰메 소세키 자택 터

히코조의 토트백

세련된 문구, 손수건 등이 있죠.

삽화 작가가 활발하게 활약한 시대였다는 사실을 알게 되었다.

히구치 이치요 자택 터

등등

기획전 오리지널

中央文學

二十四號

1919

END

유메지는 이 시절 잡지 표지화를 많이 그렸다.

좀 더 여운에 잠기고 싶다면 미술관 입구의 유메지 카페 미나토야에서 잠시 휴식

유메지의 그림이 그려진 카푸치노

푹 빠져서 한가롭게…

카페는 유메지의 그림이나 디자인을 모티프로 사용하고 있다.

다이쇼로망풍![8]

야요이 미술관의 컬렉션에는
소녀 시절의 동경이 채워져 있습니다.
유메지와 가쇼도 좋아하지만

내 어린 시절의 꿈

1960년대

나이토 르네[9]의
판다 스티커는 소중한 보물이었지!

당시 제1차
판다 붐

↙© 나이토 르네

텔레비전 프로그램에서 미즈모리 아도[10]가
양손으로 아크릴보드에 일러스트를
그리는 모습을 보고 존경했었는데.

만화는 세련된 느낌의
리본파[12]였죠.

© 미즈모리 아도

이런 장르와
작가의 기획전도
있으므로 확인은
필수입니다.

↖© 와타나베 마사코[11]

소녀만화도
정말 좋아했었어.

그리워라…

야요이 미술관

주소	도쿄도 분쿄구 야요이 2-4-3(東京都文京区弥生2-4-3)
홈페이지	www.yayoi-yumeji-museum.jp
가는 길	도쿄메트로 난보쿠선 도다이마에역(東京メトロ 南北線 東大前駅) 1번출구에서 도보 7분
개관시간	10：00~17：00 *폐관 30분 전까지 입장
휴관일	월요일, 연말연시, 전시교체기간 *홈페이지 참고
입장료	일반 1,000¥, 고등·대학생 900¥, 초등·중학생 500¥

VOL

21

정취를 만끽하는 뮤지엄

네즈 미술관

동양의 미를 음미하는 공간

根津美術館
NEZU MUSEUM

네즈 미술관은 국보를 포함한 고미술작품 7,400여 점 소장하고 있다.

1941년부터 도쿄 아오야마에 자리 잡은 네즈 미술관

이곳에서는 1년 내내 불교미술을 소개

현관으로 들어가면 나오는 홀은 불상이 조용히 서 있는 공간

정문을 들어가면 →현관으로 이어진다.

고즈넉하고 넓은 공간!

5세기경 중국의 〈석가다보불병좌상〉 (釋迦多寶佛倂坐像) 중요문화재

작아서 귀여워 보인다. 제3전시실

기획전은 1년에 7회

첫 고미술 감상 —종이의 장식 제1·2전시실

보라색 구름 같은 무늬는 종이를 뜨는 기법

아름다운 종이 위에 글씨를 씀으로써 완성되는 예술!

특수 제작된 조명

글씨를 읽지 못해도 아름다운 종이의 세계를 만날 수 있다!

호음~

서예를 잘 모르는데~

서예가 중심이네.

《야와타기레》[2] 가마쿠라시대[3] 13세기

운모를 사용해 섬세한 빛의 장식이 반짝이는 것처럼 보인다.

《이요기레》[1] 헤이안시대 11세기

서예에 대한 생각이 바뀌었습니다!

이어서 2층 전시실로

계단을 올라간 곳에 이 미술관을 세운 네즈 가이치로[6]의 동상이 있다.

아름답고 재미있어요!

서예용 종이의 기법으로 그림의 배경을 연출한 작품 〈풍속도〉 중요미술품 (에도시대 17세기)

염색한 종이

금은박과 모래를 뿌려 생긴 무늬

긴긴데이에[4]

모던 아트

금은박과 모래를 뿌린 게 바람 같기도 햇빛 같기도 하다.

한껏 기교를 부린 글씨도! 《백인일수첩》[5] 에도시대 17세기

세련되다!

기획전과 동시에 개최하고 있는 것이 이 두 전시실

〈무유도기〉[7]

그릇을 보면 어떻게 사용할지 생각하는 즐거움이 있죠.

흙 자체가 가진 아름다운 소박함과 힘!

단바[8]

비젠[8]

시가라키[8]

제5전시실

여기에서는 1년 내내 고대 중국의 청동기를 전시

제4전시실

미술관을 대표하는 미술품의 하나!

중국 기원전 13~11세기   중요문화재

〈쌍양준(双洋尊)〉

양 두 마리가 합체된 술잔

뮤지엄숍에는 소장품을 모티프로 감각하는 상품이 있습니다.

국보〈연자화도(燕子花図)〉우산

〈유연도(柳燕図)〉접시

〈쌍양준〉

여기만의 오리지널!

다도를 하는 사람이라면 친숙한 공간!

〈료이치[9]의 차〉

시원함을 부르는 다양한 차 도구를 전시! 물건만이 아니라 다도 자체도 전시

제6전시실

유서 있는 명품들

물론 안 됩니다.

들어가고 싶다…

문학위 신 텐진사마[10]

약사당

다실

1만 7천㎡

네즈 미술관은 정원도 예술이다.

풍류가 흐르는 연못

볼펜이 많이 놓여 있었다.

헤엄치는 잉어

명물 제비붓꽃이 시들어 가는 시기

곳곳에 조형물이 있어 눈이 즐겁다.

와비, 사비[12]라는 일본의 미를 감상한 좋은 기회였다.

미술관 내에 있는 카페는 정원이 내려다보이는 곳에 위치한 휴식 공간

멋진 풍경!

아, 좋다!

여기저기에서 귀여운 석상 발견

네즈 미술관 8경 중 하나인 호타라카산[11]의 완만한 언덕을 오른다.

네즈 미술관

주소	도쿄도 미나토구 미나미아오야마 6-5-1(東京都港区南青山6-5-1)
홈페이지	http://www.nezu-muse.or.jp
가는 길	도쿄메트로 긴자선 오모테산도역(東京メトロ 銀座線 表参道駅) A5출구에서 도보 8분
개관시간	10 : 00~17 : 00 *폐관 30분 전까지 입장
휴관일	월요일(공휴일이면 다음 날), 연말연시, 전시교체기간 *홈페이지 참고
입장료	특별전 : 일반 1,600¥, 고등·대학생 1,300¥ / 기획전 : 일반 1,100¥, 고등·대학생 1,100¥

VOL

22

정취를 만끽하는 뮤지엄

에도·도쿄
박 물 관

시대를 거슬러 올라가는
여행으로 이끄는 박물관

江戸東京博物館
EDO-TOKYO MUSEUM

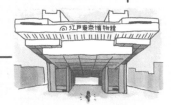

* 리뉴얼 공사로 휴관 중

료고쿠에 보란 듯이 서 있는 웅장한 건물!

에도 · 도쿄 박물관

기대에 부풀어 다녀왔습니다.

상설전 시실은 6층부터

이 다리를 건너면 에도의 세계

에도의 상징 니혼바시를 복원
(길이는 원래의 반 정도 약 26미터)

1600년대 중반 상인들이 활동하던 곳

축척 1/30

꼭 봐야 할 것 중 하나

200분의 1로 축소된 에도막부 말의 에도성 혼마루,[1] 니노마루고덴[2]

어떤 각도에서 보아도 에도시대로 여행할 수 있다.

완전 내 취향!

800여 개의 생생한 인형들

작은 부분까지 표현한 모형은 아무리 봐도 재미있다!

내가 이 박물관에서 제일 좋아하는 것은

너무 귀여워!

〈에도에서 도쿄로〉

막부 군함의 인양품

정치가 가쓰 가이슈의 초상화

또 다른 체험 코너가 있다.

옛날 소방대원의 깃발

안 돼!

15kg이나 된다!

부들~ 부들~

흔들어 보세요.

체험 전시도 재밌다(5층)

대규모 아파트단지의 한 집의 내부를 재현(1962년경의 모습)

1900년대 중반의 주택

나에게는 그리운 시절…

숨겨진 세심함

경계선!

에도의 바닥은 베이지색, 도쿄의 바닥은 회색

메이지시대의 대표적 건축물

아사노신문사 1/1 실물 크기

그리고 도쿄의 세계로

옛날 생활도구 등을 체험할 수 있는 코너

머그컵

부엉이 인형

뮤지엄숍도 좋아!

옛날 장난감이 모여 있어요.

에도·도쿄의 매력 재발견!

시간은 점점 흘러가~

1990년대!

여고생

〈현대의 도쿄〉

루즈삭스

WINDOWS 등장

2000년대의 급식

김치볶음밥, 춘권, 푸딩 등

1960년대부터의 변천도 전시

에도 · 도쿄 박물관

주소   도쿄도 스미다구 요코아미 1-4-1(東京都墨田区横網1-4-1)
홈페이지   https://www.edo-tokyo-museum.or.jp
가는 길   도에이오에도선 료고쿠역(都営大江戸線 両国駅) A4출구에서 도보 1분

VOL

23

건물도 아름다운 뮤지엄

국립서양
미 술 관

르 코르뷔지에가 설계한 건물에서
감상하는 서양 명화

国立西洋美術館
THE NATIONAL MUSEUM OF WESTERN ART

국립서양미술관!

이 건물은 1959년 개관한 본관

건물 앞 정원에 있는

야외에 전시된 조각 6점도 감상

로댕의 〈생각하는 사람〉

와!

여기에 14~20세기 서양미술의 명품들이 소장되어 있다.

르 코르뷔지에가 설계한 근대 건축물

책에서 본 작품이 다수

인쇄물로는 느낄 수 없는 붓의 터치!

진품의 어마어마한 스케일!

밀레의 〈봄(다프니스와 클로에)〉

모네의 〈수련〉

로댕 외 조각 컬렉션이 훌륭하다.

표구와 그림의 조화

프랑스 화가 마리가브리엘 카페[1]의 〈자화상〉

미술관에 와야만 보고 느낄 수 있다!

중정이 보이는 신관

아이들이 열심히 감상하고 있었다.

저요!

저요!

이 그림에서 뭐가 마음에 들어요?

자원봉사자

국립서양미술관은 마쓰카타 컬렉션을 보존·공개하기 위해 설립되었다.

마쓰카타 고지로
(松方幸次郞, 1865~1950년)

누구지?!

일본에 서양미술을 소개할 미술관을 만들고 싶었던 마쓰카타는 1916년부터 10여 년에 걸쳐 유럽에서 미술품을 수집했다. 그러나 일본 경제의 악화로 그 꿈을 실현하지 못했다.

1959년 프랑스 정부가 프랑스에 남겨져 있던 수집품들을 기증·반환하여 국립서양미술관이 탄생했다.

상설전에서 볼 수 있죠.

르누아르 외 마네, 모네, 고흐 등 쟁쟁한 화가들의 작품

디네르크 바우츠가 란드 화

이것이 가장 오래된 유화 작품 중 하나
14세기 작품

〈슬픔에 잠긴 성모〉 〈가시면류관을 쓴 그리스도〉

이 두 작품은 최근까지 한 쌍이 아니라 따로 있었다는 에피소드도 흥미롭다.

모네의 플로팅 펜

수련이 움직인다.

로댕의 이어폰잭

작품 감상 뒤에는 뮤지엄숍으로!

미술 관련 책이 충실!

사는 게 즐거움

기념으로 이것저것

그리고 미술관을 나서면 우에노온시공원(上野恩賜公園)

판다를 만날 수 있다.

上野動物園 ZOO

공원 옆에는 국립과학박물관
(일본관 건물은 중요문화재)

이 건물의 설계자 르 코르뷔지에는 근대건축운동에 공헌

그가 설계한 건물은 7개국에 걸쳐 17개 건축물이 세계문화유산에 등재

위에서 보면 이런 모습

2016년 세계문화 유산에 등록

이곳은 벚꽃 명소!

볼거리, 산책로가 곳곳에 많아요.

국립서양미술관

주소	도쿄도 다이토구 우에노코엔 7-7(東京都台東区上野公園7-7)
홈페이지	http://www.nmwa.go.jp
가는 길	JR야마노테선 우에노역(JR山手線 上野駅) 공원구 도보 1분
개관시간	9:30~17:30, 금·토요일 ~20:00 *폐관 30분 전까지 입장
휴관일	월요일(공휴일이면 다음 날), 12월 28일~1월 1일, 전시교체기간 *홈페이지 참고
입장료	상설전: 일반 500¥, 대학생 250¥, 18세 미만 및 65세 이상은 무료 *기획전은 별도요금, 기획전 관람권으로는 상설전 관람 가능

VOL

24

건물도 아름다운 뮤지엄

요 코 스 카
미 술 관

바다의 풍경에 녹아드는 미술관

横須賀美術館
YOKOSUKA MUSEUM OF ART

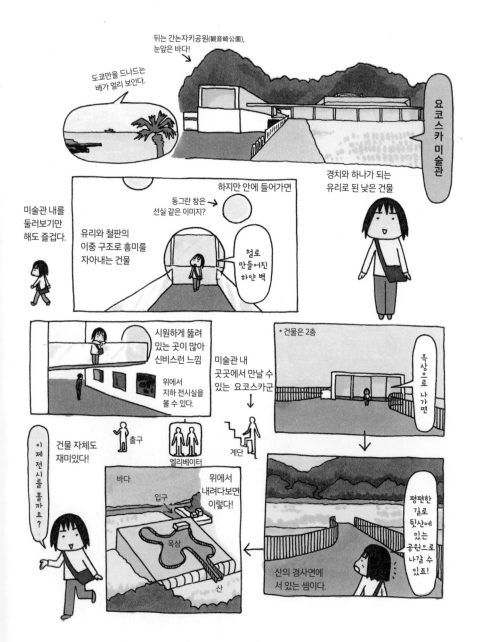

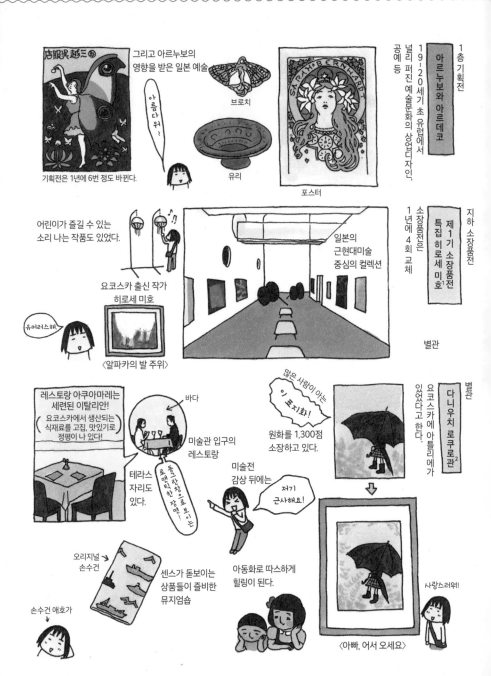

1층 기획전

아르누보와 아르데코

19~20세기 초 유럽에서
널리 퍼진 예술문화의 상업디자인,
공예 등

그리고 아르누보의
영향을 받은 일본 예술

아름다워?

브로치

유리

포스터

기획전은 1년에 6번 정도 바뀐다.

지하 소장품전

제1기 소장품전
특집 히로세 미호[1]

소장품전은
1년에 4회 교체

어린이가 즐길 수 있는
소리 나는 작품도 있었다.

일본의
근현대미술
중심의 컬렉션

요코스카 출신 작가
히로세 미호

유머러스해!

〈알파카의 발 주위〉

별관

별관

다니우치 로쿠로관[2]

많은 사람이 아는
이 표지화!

원화를 1,300점
소장하고 있다.

요코스카에 아틀리에가
있었다고 한다.

레스토랑 아쿠아마레는
세련된 이탈리안!

요코스카에서 생산되는
식재료를 고집, 맛있기로
정평이 나 있다!

바다

미술관 입구의
레스토랑

테라스
자리도
있다.

돛과 갑판으로 보이는
로맨틱한 장면!

미술전
감상 뒤에는

저기
근사해요!

오리지널
손수건

센스가 돋보이는
상품들이 즐비한
뮤지엄숍

손수건 애호가

아동화로 따스하게
힐링이 된다.

사랑스러워!

〈아빠, 어서 오세요〉

간논자키공원은 드넓어요!
가나가와현 최대 규모로 70만 4천㎡

일본 최초의
서양식 등대 간논자키 등대는
공원의 상징적 존재

공원 내에는 요코스카 미술관 외에
간논자키 자연박물관도 있어요.

산이 있고
냇물이 있고
해변이 있어요.

체육광장도 있지요.

긴 미끄럼틀

하루에
다 볼 수 없죠!

요코스카 미술관 *사전예약제로 운영 중

주소	가나가와현 요코스카시 가모이 4-1(神奈川県横須賀市鴨居4-1)
홈페이지	http://www.yokosuka-moa.jp
가는 길	JR요코스카선 요코스카역(JR横須賀線 橫須賀駅) 하차, 간논자키행(観音崎行) 버스를 타고 요코스카 미술관 앞 하차 후 도보 2분
개관시간	10：00~18：00 *폐관 30분 전까지 입장
휴관일	매월 첫째 월요일(공휴일이면 개관), 12월 29일~1월 3일 *홈페이지 참고
입장료	소장품전 : 일반 380¥, 고등·대학생 280¥, 중학생 이하 무료 *기획전은 내용에 따라 상이

VOL

25

건물도 아름다운 뮤지엄

도 쿄 도
정 원
미 술 관

발길 닿는 곳 모두가 예술인
아르데코 양식의 건물

東京都庭園美術館
TOKYO METROPOLITAN TEIEN ART MUSEUM

도쿄도 정원미술관 본관

1933년 건설된 구 아사카노미야[1] 저택은
아르데코 양식의 건물 자체가 예술품

문을 들어서 신록이
풍성하고 호젓한
길을 걸으면

매표소

실내 분수
〈향수탑〉은
앙리 라팽[3]의 작품

곁방[2]

당시에는
향수를
넣어
향기가
감돌게
했다고.

1층은 공적인 용도로
사용되던 곳인가 보다.

정면 현관의 문은
르네 랄리크 작품

현관부터
이렇게
아름답다니!

에칭글래스 문은
막스 앵그랑[4]의 작품

바닥은 대리석 모자이크

귀여워~
꽃 패턴 8종류로
구성되어 있다.

아름다운 R 자를
그리는 천장

은회색 릴리프

대객실

라팽의 벽화

랄리크의
상들리에

내가 가장 설레는 부분은 세심한 장식

방마다 다른 디자인의 통기구

라디에이터 커버의 주조도 각양각색

조명 디자인

너무 예뻐!

작은 것까지 고집스레 취향을 살린 곳이라 하나도 놓칠 수 없어!

2층은 개인실이 여럿 있는데 개인실에는 각각 거실과 침실이 딸려 있다.

↑ 널찍한 거실

아무튼 방들은 모두 아름다워요!

벽난로 장식

20종이 넘는 석재가 볼거리!

계단

여러 곳에서 발견

바닥

석재 애호가들에게는

목재 애호가에게도!

문

바닥

기둥

감탄이 절로 나오는 건물이다.

그리고 이곳이 미술관이라는 사실이 재밌다!

미술품과 공간이 조화를 이뤄 새로운 느낌을 만들어 낸다.

미장까지도 세련미가!

← 천장

벽 →

신비한 공간! 하지만 분위기가

기획전은 〈가면전〉

서재

기획전도 꼭 보세요.

도쿄도 정원미술관 *전시회는 사전예약으로 운영 중

주소	도쿄도 미나토구 시로카네다이 5-21-9(東京都港区白金台5-21-9)
홈페이지	https://www.teien-art-museum.ne.jp
가는 길	JR야마노테선 메구로역(JR山手線 目黒駅) 동구에서 도보 7분
개관시간	10：00~18：00 *폐관 30분 전까지 입장
휴관일	월요일(공휴일이면 다음 날), 연말연시 *정원만 공개하는 시기가 있으므로 홈페이지 참고
입장료	일반 200¥, 대학생 160¥, 중고생·65세 이상 100¥ *전시관람료는 별도

건물도 아름다운 뮤지엄

도　　　　쿄
스테이션
갤 러 리

100년 넘은 빨간 벽돌과
현대가 공존하는 미술관

東京ステーションギャラリー
TOKYO STATION GALLERY

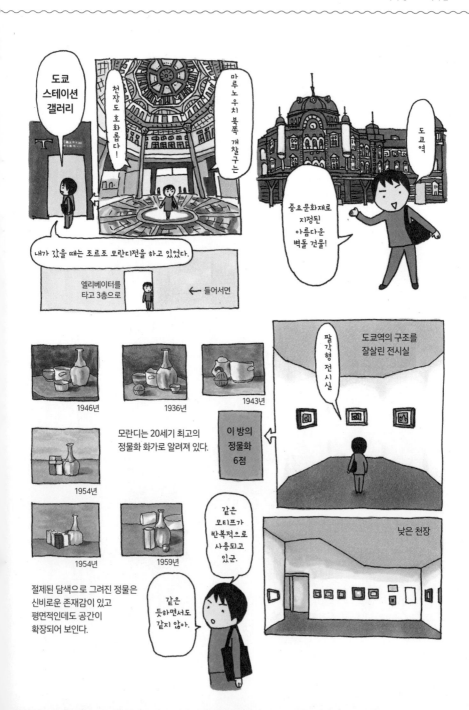

에칭

풍경화

유채 정물화 이외의 작품도 전시되어 있어 흥미진진

2층으로 내려가면

중후한 벽돌 벽!

검은 부분은 창문에 해당하는 곳

평온하면서도 어쩐지 불안감을 주는 그림…. 자꾸 보고 싶어져요.

인물에도 관심이 생긴다.

평생 고향 볼로냐를 떠나지 않았다고 해요.

추상화 세대이면서 클래식한 요소를 지녔다.

쉬르리얼리즘의 키리코, 에른스트, 만 레이 등과 동시대

모란디라는 작가는

2층에서 이런 벽돌을 발견

회반죽도 그대로

90도 돌리면

벽돌은 건축 당시 그대로여서 깨진 듯한 흔적들이 있다.

철골

계단

제2차 세계대전 때 불탄 목재

이 갤러리는 건물 자체를 꼭 보아야 한다!

구조 벽돌이 그대로 노출

뮤지엄숍에는 도쿄역에서만 살 수 있는 상품이 여럿 있어 또 다른 즐거움

엽서

엽서 외에 편지지와 봉투 세트, 문구 등 다양

벽돌 모양 메모지

진짜 같아!

2층에서는 개찰구 앞 광장을 내려다볼 수 있다.

지금은 완성되었지만 창문으로는 공사 중인 마루노우치 광장이 보였다.

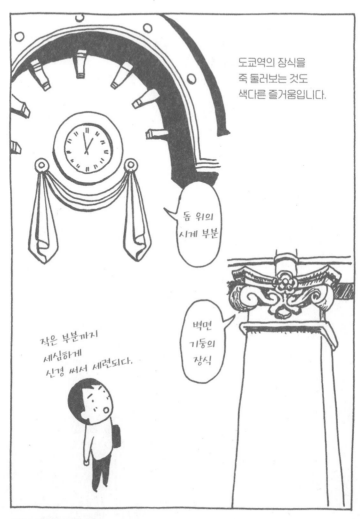

도쿄 스테이션 갤러리

주소	도쿄도 지요다구 마루노우치 1-9-1(東京都千代田区丸の内1-9-1)
홈페이지	http://www.ejrcf.or.jp/gallery
가는 길	JR야마노테선 도쿄역 마루노우치북구(JR山手線 東京駅 丸の内北口)
개관시간	10：00~18：00, 금요일 ~20：00 *폐관 30분 전까지 입장
휴관일	월요일(공휴일이면 다음 날), 연말연시, 전시교체기간 *홈페이지 참고
입장료	전시에 따라 상이하므로 홈페이지 참고

건물도 아름다운 뮤지엄

국 립
신미술관

넘실대는 유리벽 안에서 즐기는 예술

国立新美術館
THE NATIONAL ART CENTER, TOKYO

안에 들어가면

시원하게 천장까지 뚫려 있다!

거꾸로 서 있는 거대한 원추가 둘

전시실은 이쪽

일본에서 다섯 번째 국립미술관으로 탄생한 **국립신미술관**

곡선을 그리는 유리벽이 특징인 건물은 구로카와 기쇼¹의 설계

이 원형 건물은 우산꽂이?

입구

사방 2미터에 가까운 대작이 약 130점 벽면 가득 전시

메인 전시실

내가 갔을 때 1층 기획전은

구사마 야요이 〈영원한 나의 영혼〉

일본을 대표하는 아티스트의 최대 규모 개인전이 열리고 있었다.

직접 제작한 영화 〈구사마의 자기 소멸〉(1967년)

자기 자신이 작품

〈잔몽(殘夢)〉(1949년)

최근 작품만 아는 사람에게는

신선!

호박 모티프로 유명

물방울에모느 원피스

단발머리

구사마 야요이를 아시나요?

〈소멸의 방〉

강렬한 색채와 작가의 개성에 어질어질…

동그란 스티커를 원하는 곳에 붙일 수 있는 작은 방

참여형 인스톨레이션도 있다.

초기 작품에서 그 뿌리를 볼 수 있죠.

야외 전시 〈호박〉(2007년)

뚫려 있다.

1929년 출생, 정력적으로 작품을 발표하고 있는 세계적으로 지명도가 높은 아티스트

2층
기획전시실 2E | 2D | 2C | 2B | 2D

1층
기획전시실 1E | 1D | 1C | 1B | 1D

3층
3B | 3D

아르누보의 꽃!

〈알폰소 무하전〉도 있었습니다.

이것도 꼭 봐야지.

여기에서 〈구사마 야요이전〉

〈호박〉(1999년)

기획전시실 외 전시실에서는 공모전을 개최

전시 말고도 즐길 거리가 많은 국립신미술관!

편하게 읽을 수 있다.

자료실에는 미술서적, 도록이 갖추어져 있고

3층에는 전시실 외에 강당, 연수실, 자료실이 있다.

커다란 원추 위는 3층에서 연결되는 프렌치 레스토랑

B1

가방이나 액세서리, 그릇, 문구, 책…

지하 1층에 있는 뮤지엄숍은 센스가 뛰어난 상품들만 가득

신비한 무대에서 우아하게 점심을 즐길 수 있다.

물론 저녁도

세련되어서 선물로도 좋다!

← 오리지널 로고 상품도 멋있군.

또 하나의 원추 위에는 2층에서 연결되는 카페

카페는 총 세 곳

지하 1층에도 카페가

탁아서비스의 날도 있죠.

배리어프리 설비도 잘되어 있고

휠체어나 지팡이도 빌려줘요.

성인이 즐길 수 있는 미술관이다.

느긋하게 도록을 보면서

휴식 공간이 곳곳에 있어서 반갑군.

카페는 1층에도 ~

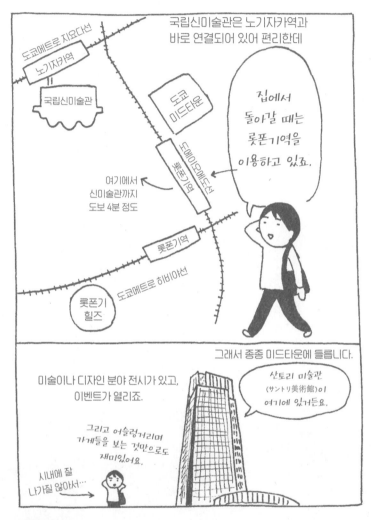

국립신미술관

주소	도쿄도 미나토구 롯폰기 7-22-2(東京都港区六本木7-22-2)
홈페이지	http://www.nact.jp
가는 길	도쿄메트로 지요다선 노기자카역(東京メトロ 千代田線 乃木坂駅) 아오야마레이엔(青山霊園) 방면 개찰 6출구는 미술관과 연결
개관시간(기획전)	10：00~18：00, 금·토요일 ~20：00 *폐관 30분 전까지 입장
휴관일	화요일(공휴일이면 다음 날), 연말연시 *홈페이지 참고
입장료	홈페이지 참고

건물도 아름다운 뮤지엄

구 신바시
정 차 장
철 도 역 사
전 시 실

일본 최초의 철도터미널을 재현

旧新橋停車場鉄道歴史展示室
RAILWAY HISTORY EXHIBITION HALL -
OLD SHIMBASHI STATION

파나소닉
도쿄시오도메빌딩

시오도메시티센터

고층 빌딩들이

신바시에서
시오도메
방면으로
나가면

여기에!

클래식한 건물이

철 도 역 사 전 시 실

구 신바시 정차장 건물을 고스란히 재현

건물 내부는 전시실

구 신바시 정차장을
기념하는 상설전시실

바닥 일부가 유리로 되어 있어
예전역의 주춧돌을 볼 수 있다.

정말
여기에
있었구나.

여기에 실제로
역 건물이 있었고
지금도 예전 건물이
보존되어 있다!

<정면 현관>
옛날 계단의
일부

철도 애호가는 설렌다!
그렇지 않은 사람도
얼마든지~

앗 근무 중 잤다구요ㅇ.

반가
워!

싫은
잘 몰라요.

요코하마!

물을 끓이는 데
쓴 토병

표
탄화했다!

구 신바시 정차장의 출토품 이것저것

접시

여기 하마 출신이라 더욱

광고
역할도
뒤

옛날에는
이걸로
차를
팔았다.

개찰 펀치

요즘
젊은 사람들은
모를 것 같은데,

파이프

사오마이 딤섬이 유명

외국 물건이 나오는 건
외국인 기술자가 많았기 때문이라고.

VTR에서는 이런 이야기가 흘러나온다.

기획전시실 입구 주위 →

아하!

1872년에 개업한 일본 최초의 철도터미널
1914년 도쿄역이 생기고 나서는 가스모리역이 신바시의 이름을 이어받아 현재의 신바시역이 되었고, 예전 역은 화물 전용역이 되어 도쿄의 경제를 뒷받침했다. 1923년 간토대지진으로 소실되고 1986년 폐지, 그 뒤 발굴 조사가 이루어져 사적으로 보호하고 당시를 기리기 위해 이 건물이 생겼다.

도쿄의 문은 신바시였구나!

신바시 체육 클럽 1880년의 사진

철도기사 히라오카 히로시[1]에 의해 일본 최초의 야구팀이 만들어졌다.

야구와 철도

방문 당시 기획 전시실에서는 〈야구와 철도〉 전시

응?
야구와 철도는 무슨 관계지?

야구를 모르는 야구치

철도회사의 야구팀이 많다.

한큐 브레이브스
(지금은 오릭스 버팔로스)

Braves
7

구 세이부철도 공동운영

1943년에 해산한 도쿄 세너터스

일본에서 프로야구가 시작된 것은 1936년

야간경기를 위한 임시 열차

지금은 없다.

표지판
나이터 열차

아니, 깊은 관계가 있잖아.

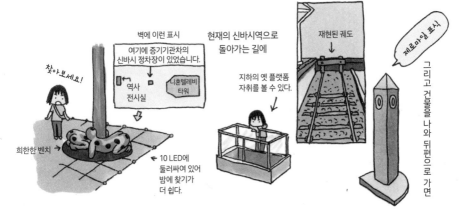

찾아보세요!

벽에 이런 표시
여기에 증기기관차의 신바시 정차장이 있었습니다.
↓
역사 전시실
디혼텔레비 타워

희한한 벤치

10 LED에 둘러싸여 있어 밤에 찾기가 더 쉽다.

현재의 신바시역으로 돌아가는 길에

지하의 옛 플랫폼 자취를 볼 수 있다.

재현된 궤도

제로마일 표시

그리고 건물을 나와 뒤편으로 가면

신바시의 약속 장소라고 하면
뭐니 뭐니 해도 바로 SL(Steam Loco, 증기기관차) 광장과 SL 앞.
"왜 SL이지?"라고 생각했었는데,
신바시가 철도의 발상지이기 때문이라는
사실을 알 수 있었습니다.

안내판을 보니 철도 100년
기념으로 설치되었다고 합니다.

1972년

구 신바시 정차장 철도역사전시실

주소	도쿄도 미나토구 히가시신바시 1-5-3(東京都港区東新橋1-5-3)
홈페이지	http://www.ejrcf.or.jp/shinbashi
가는 길	JR야마노테선 신바시역 긴자구(JR山手線 新橋駅 銀座口)에서 도보 5분
개관시간	10:00~17:00 *폐관 15분 전까지 입장
휴관일	월요일(공휴일이면 다음 날), 12월 29일~1월 3일, 전시교체기간 *홈페이지 참고
입장료	무료

재미있는 현대미술 뮤지엄

도 쿄 도
현대미술관

일본 국내외 현대미술이 모인 미술관

東京都現代美術館
MUSEUM OF CONTEMPORARY ART TOKYO

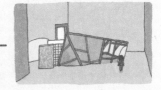

다카야나기 에리[1]의
〈자유로운 커튼〉

전시 작품이
있기도 하고

입구의
유리 벽면에

그리고

시원하게 넓은 공간

도쿄도 현대 미술관!

이 소파는
굉장히 편해.

대만의 미술가 마이클 린[2]과 유리타일 회사
BISAZZA가 협업한 화장실!

미술관 내부도 예술

입구

제2부 만들다, 사용하다, 쥐다

상설전

약 4,500점의 컬렉션 중에서
100점 정도 전시하고 1년에 4회가량 교체

이게 전부 연필!

도미이 모토히로[6]의
〈연필 테이블〉

입구에 거대한
토비아스 레베르거[3]의 작품

하얀 받침대 위에
알루미늄 파이프가
덩그러니…

다카야나기 에리의
〈이렇게 하여 아는 것〉

제1부 우리의 90년 1923~2013

1923년은 간토대지진이
일어난 해다. 그 광경을 그린
가노코기 다케시로[5]의 작품

20JUL,1985

제작일이 작품인
가와라 온[4]

검은 바탕에 제작한 지역의
언어로 제작일이 쓰여 있다.

생각하게 하는
예술

'존재란
무엇인가'를

도쿄도 현대미술관

주소	도쿄도 고토구 미요시 4-1-1(東京都江東区三好4-1-1)
홈페이지	https://www.mot-art-museum.jp
가는 길	도쿄메트로 한조몬선 기요스미시라카와역(東京メトロ 半蔵門線 清澄白河駅) B2출구에서 도보 9분
개관시간	10 : 00~18 : 00 *폐관 30분 전까지 입장
휴관일	월요일(공휴일이면 다음 날), 연말연시, 전시교체기간 *홈페이지 참고
입장료	전시에 따라 상이하므로 홈페이지 참고

VOL

30

재미있는 현대미술 뮤지엄

사이타마 현립 근대 미술관

샤갈에서 지역예술가까지 담은 미술관

埼玉県立近代美術館
THE MUSEUM OF MODERN ART, SAITAMA

사이타마 현립 근대미술관

이 멋진 건물은 구로카와 기쇼[1]의 작품!

기타우라와역 서쪽 출구를 나서면

그 안에

맞은편은 넓은 기타우라와 공원이고

기획전은 2층에서

기획전
〈여행과 예술〉

우리가 아는 그
피에르 오귀스트 르누아르의
〈나귀 탄 아랍인들〉 (1881~1882년경)

〈스핑크스〉 19세기 후반
이폴리트 아르누[2] 촬영

제2실
오리엔트의 매혹

예술가들은 동방으로!

제1실
[여행에의 권유]

여성상 프레스코화

고대에의 동경

1세기 이탈리아의 작품

1906년 오브리 비어즐리[4]

제4실
세기말의 엑조티시즘

〈애틀랜틱호 남미 항로〉
L'AMERIQUE DU SUD
"L'ATLANTIQUE"
〈40,000 T〉

1931년 A. 카상드르[3]의 포스터

향수를 느끼게 하는 여행 광경

선박 여행도 인기!

앙리 루소의 〈마른 강변〉
1906년

자연, 관광, 철도
제3실

아르누보 유리공예 작가 에밀 갈레[6]의 꽃병 〈후지산〉

일본 판화의 영향을 받은 흑백화
〈살로메를 위한 삽화집〉[5]에서

1884~1889년경

프랑스에서 철도는 1850년대부터 발전했다.

제6실	여행자가 본 일본의 자연

제 5 실

공상 여행 · 초현실 여행

여행자에게 인기 있던 연출 사진. 구사카베 긴베에[7]가 촬영한 우산 든 여성 사진

초현실주의!

공상

재해를 입은 모습도!

조르주 비고의 〈산리쓰의 대쓰나미 오후나토의 참상〉[8]

마르크 샤갈의 〈세상 밖 어디로든〉 (1915~1919년)

《땅속 나라의 앨리스》(1886년 간행) 《이상한 나라의 앨리스》의 루이스 캐럴이 그린 삽화!

작품 수도 많고 볼 가치가 있는 것들로 가득!

이 미술관에는 훌륭한 의자 컬렉션이 있는데 미술관에 놓여 있는 의자들에는 마음대로 앉을 수 있다.

한번 즐겨 보세요.

그리고 또 다른 볼거리인 의자도 꼭 앉아 보자!

공원의 자연과 멋진 대조를 이룬다.

야외 전시로 이어집니다.

상설전시 작품인 조각이 건물 안팎과 공원 여기저기에 있어 발견하는 재미가 쏠쏠하다.

건물에 기둥이 박혀 있다?!

이상한 나무라고 생각했더니

아, 비둘기다!

산책도 예술

제1실 [회화의 경치]

제2실 [다쓰노 도에코[9]]

제3실 [현대의 사진]

1층은

MOMAS 컬렉션

소장품을 중심으로 소개 (1년에 4회 전시 교체)

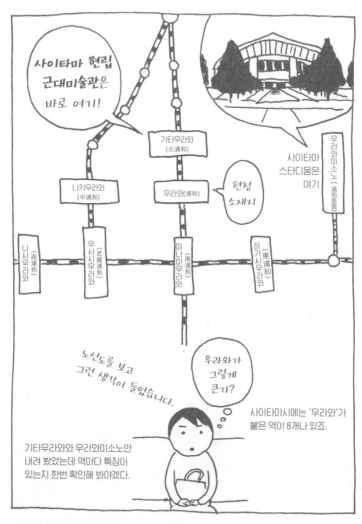

사이타마 현립 근대미술관

주소	사이타마현 사이타마시 우라와구 도키와 9-30-1(埼玉県さいたま市浦和区常盤9-30-1)
홈페이지	http://www.pref.spec.ed.jp/momas
가는 길	JR게이힌토호쿠선 기타우라와역(JR京浜東北線 北浦和駅) 서구에서 도보 3분
개관시간	10：00~17：30 *폐관 30분 전까지 입장
휴관일	월요일(공휴일이면 개관), 연말연시 *홈페이지 참고
입장료(컬렉션)	일반 200¥, 고등·대학생 100¥ *기획전은 홈페이지 참고

VOL

31

맛있는 뮤지엄

컵 누 들
뮤 지 엄

신나는 나만의 컵누들 만들기

カップヌードルミュージアム
CUPNOODLES MUSEUM

1 인스턴트 라면 히스토리 큐브

인스턴트 라면이 ...란히 전시되어 있다.

전시실 벽은 하양과 빨강으로 통일되어 있다.

입구 위에 컵누들이 턱 하니!

거대한 컵누들이다!

패키지의 변화도 알 수 있다!

1983년 ← 컵누들이 발매된 무렵 ← 초대 치킨라면

1971년 / 1958년

달걀이 점점 작아져 / 아예 없다. / 달걀 모양 그림이 특징

요코하마 미나토미라이

컵누들뮤지엄!

이 사각형 건물은 뭐지?

안도 모모후쿠(1910~2007년)
세계 최초 인스턴트 라면인
치킨라면과 세계 최초 컵라면인
컵누들을 발명했다.

2 모모후쿠 시어터

어린이도 즐길 수 있는
애니메이션으로 모모후쿠의
생애와 창조적 사고를 소개

정말 감동했어.

3 모모후쿠의 연구실

치킨라면이 탄생한 연구실을 그대로 재현

작은 집의 내부까지 리얼하게!

모모후쿠는 48세 때 여기에서 시작했대요.

이렇게 감동하고 다음 전시로

전체 길이 약 58미터의 대형 파노라마

4 모모후쿠 히스토리

아래에는 어린이도 쉽게 알 수 있게 일러스트로 해설하고 있다.

위에는 자세한 역사

5 창조적 사고 상자

① 아직 아무것도 엄청앉을 발견한다

예를 들어 빨래하기 힘들어.

세탁기 발명!

② 모든 것이 힌트가 된다

예를 들어 우산이 생긴 힌트는

비 오는 영상이 나온다.

비 내리는 날

이 그림에 손을 대면

커다란 잎사귀를

썼었지!

어린이에게도 재미있는 장치

팬터마임 시어터

모모후쿠의 발상을 이해하는 상자 6개를 놀이로 즐기면서 발견!

전시는 여기까지

이것이 6개의 창조적 사고 모모후쿠 시어터를 보고 나서 체험하면 더욱 실감난다.

자, 이제부터는 즐기세요.

⑥ 포기하지 않는다
세계의 위인과 모모후쿠 패널에서 기념 촬영!

⑤ 상식에 사로잡히지 않는다
구멍을 들여다보면 똑같은 크기지만
실물을 보면 다르다!

④ 가로세로와 대각선에서 본다
공중에 떠 있는 컵누들 오브제
보는 각도에 따라 면 속에 숨겨진 글자를 발견!

③ 아이디어를 키운다
한 그루 나무보다 숲을 키우자는 디오라마를 이용한 아름다운 그림자그림

에어패키지에 넣으면 완성!

다 됐다!

들어갔다!
수프와 재료 선택

해물맛

건더기 재료를 넣으면 뚜껑을 덮고 수축 포장

어묵
파
새우
옥수수

이것도 직원이

이 방법에 또 감탄!

면 세팅
핸들을 움직여서 넣는다 (직원이)
거꾸로 끼운다

이 방법에 또 감탄!

컵 디자인
그림을 그리거나 글씨를 쓴다.

마이컵을 구입
빈 것

마이컵누들 팩토리

아시아의 포장마차같다!

NOODLES BAZAAR
월드 면 로드

푸드 어트랙션

모두 똑같은 병아리 스카프를 쓰고 작업

밀가루 반죽부터! 치킨라면을 직접 만드는 공방 (예약 필수)
1일 4회, 90분 소요
초등학생 이상

치킨라면 팩토리

뮤지엄숍엔 상품이 많아 여러 가지를 사고 말았다!

재미있었었다!

병아리 가방에 가득 채우고

마이컵 누들

미니치킨라면
파
청추
내가 먹은 건 선택할 수 있는 토핑

9개국 면을 맛볼 수 있다.

신나라~

어린이들만 즐길 수 있어 유감!

컵누들 소프트크림
익숙한 토핑

맛있었어!

라면 같은 염과자

컵누들의 제조 과정을 실내 놀이시설로 체험!

그물망에 오르기

가는 면이 된다.

상자
출하
컵에 들어간다.

미끄럼틀

발밑에서 거품이 올라오는 영상

면을 튀긴다.

컵누들 파크

3세 이상 초등학생 이하
1회 30분

한때 컵누들 중 흠뻑
빠졌던 것이
싱가포르풍 락사맛

코코넛 밀크의 부드러움과
자극적인 향신료가 잘 어울린다.

LAKSA PASTE

NISSIN

CUP NOODLES

シンガポール風 ラクサ

새로운 맛이
자꾸 나오기 때문에
편의점에서 가끔 확인

또 먹고 싶다…

컵누들뮤지엄

주소	가나가와현 요코하마시 나카구 신코 2-3-4(神奈川県横浜市中区新港2-3-4)
홈페이지	https://www.cupnoodles-museum.jp/ja/yokohama
가는 길	미나토미라이선 미나토미라이역(みなとみらい線 みなとみらい駅) 6번출구에서 도보 8분
개관시간	10：00~18：00 *폐관 1시간 전까지 입장
휴관일	화요일(공휴일이면 다음 날), 연말연시 *홈페이지 참고
입장료	대학생 이상 500¥, 고등학생 이하 무료 *치킨라면 팩토리는 초등학생 600¥, 중학생 이상 1,000¥ / *마이컵누들 팩토리는 1식 500¥ / 컵누들 파크는 1회 500¥

VOL

32

맛있는 뮤지엄

담배와 소금 박물관

담배와 소금을 둘러싼 흥미로운 역사

たばこと塩の博物館
TABACCO & SALT MUSEUM

3층 상설전시실
〈담배의 역사와 문화〉

신전 내부

입구에 당당하게
서 있는 것은
멕시코의 팔렌케
유적[1]의 복원 ←

오른쪽 석주에 새겨진
'담배 피우는 신'은 인류와
담배의 관계를 보여 주는
가장 오래된 자료

7세기 말경

시부야에 있던
담배와 소금 박물관

1978년 개관

얼른
안으로!

전시 공간도
넓어지고
자료도 충실!

스카이트리가
보이는 스미다구의
현재 위치로 이전

줄여서
담배소금

세계의 흡연 도구

↖ 도끼 모양

우즈베키
스탄의
코담배통

아메리칸인디언의 도끼파이프

말의 갈기 ↑

해포석이라는
광석을 조각

중국의
코담배

예쁜 유리병

유럽의 해포석 파이프

← 달걀을 쥔 손

맥아더가
늘 입에
물고 있던 것

미국의 옥수수 파이프

옥수숫대를 말려서 만든다.

그 밖에 담배 패키지, 포스터 등 전시

마야의 그림 문서에 있는
'담배 피우는 신'

그리고 이
박물관의
심벌마크

↑ 파도는 소금을 표현

근현대의 담배문화를
시각화한 미디어월

출구에 박물관으로 옮겨 온
담뱃가게가 있어 기념 촬영을
할 수 있다.

일본 최초의
필터담배 호프

1957년 일본에서 최초로
제조된 필터담배. 1950년
대부터 해외에서 담배와
건강의…

2003년부터

경고 문구 삽입

설명이
나온다.

실물
담배가
연대별로
전시되어
있는데

여기에 손을 얹으면

패키지의 변천은
흥미롭다.

에도시대의 담배문화

옛날 담뱃가게 재현

갖가지 불 붙이는 도구

← 영상으로
쉽게 설명

일본의 소금 생산법도 소개

노토의 가마야[3]를 옮겨 와 복원

폴란드 소금광산의 지하성당을 모티프로 현지의 암염을 사용해 제작

킹가상은 바닥도 배경도 모두 소금입니다!

2층 상설전시실 〈소금의 세계〉

소금 자원 전시 중 압권인 것은 성 킹가상[2]

벽면 패널은

인체와 소금의 과학

우리의 뼛속에는 소금이 얼마나 있을까? 170cm에 65kg인 성인은

이 정도

젖히면

식용 소금병이 있다!

퀴즈로 재밌게 배울 수 있다.

산지, 종류, 그 밖의 정보가 나온다.

소금이 든 케이스를 가운데의 패널에 놓으면

소금이 여러 종류 있네.

이탈리아 시칠리아산 암염

소금의 과학 코너에서는

좀 더 알고 싶다면 2층에 있는 검색 모니터를 이용하거나 4층의 도서실을 이용

↑ 퀴즈로 즐길 수도 있다.

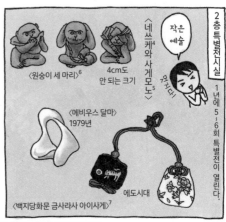

2층 특별전시실

1년에 5~6회 특별전이 열린다.

작은 예술

〈네쓰케[4]와 사게모노[5]〉

귀엽다!

〈원숭이 세 마리〉[6]

4cm도 안 되는 크기

〈메비우스 달마〉 1979년

〈백지당화문 금사라사 아이사게〉[7]

에도시대

오리지널 상품도 있다.

다바코짱 시오군

뮤지엄숍에는 담배, 소금 관련 상품과 책이 있다.

재미있었다.

어른에게도 좋지만 아이들의 학습에도 도움이 되겠어요.

5층에는 먹고 마실 수 있는 다목적 공간도 있다.

휴식 공간이 곳곳에 있어서 쉬엄쉬엄 둘러볼 수 있다.

담배와 소금 박물관

주소	도쿄도 스미다구 요코카와 1-16-3(東京都墨田区横川1-16-3)
홈페이지	https://www.tabashio.jp
가는 길	도에이아사쿠사선 혼조아즈마바시역(都営浅草線 本所吾妻橋駅)에서 도보 10분
개관시간	10 : 00~17 : 00 *폐관 30분 전까지 입장
휴관일	월요일(공휴일이면 다음 날), 12월 29일~1월 3일 *임시휴관 있으므로 홈페이지 참고
입장료	대학생·일반 100¥, 초·중고생 50¥

맛있는 뮤지엄

에비스맥주 기 념 관

맛있는 맥주를 마시고 싶은 당신에게

ヱビスビール記念館
MUSEUM OF YEBISU BEER

* 2024년 4월 에비스 브루어리 도쿄로
명칭을 바꾸어 재개관 예정

에비스 가든플레이스 내에 있는 삿포로맥주 본사에 병설되어 있는 것이 바로

엄청나게 큰 맥주!

영상

에비스맥주 기념관

사실은 영화 〈제3의 사나이〉의 테마송

짜 라 라 짜라라라

JR에비스역의 발차 소리는 에비스맥주의 테마입니다.

음~ 맥주 마시고 싶다.

이쪽을 봐주세요.

1889년 맥주 공장을 설립

이 맥주는 당시에 얼마였을까요? 보기는 3개입니다. 1 1천 엔 2 2천 엔 3 3천 엔

퀴즈 풀이도 있다.

와인처럼

코르크 마개

에비스사마는 작게

에비스맥주는 1890년 발매

실물

참가자들도 열심

번 아닙까?

저요~ 번입니다.

정도?

정답은 ?!

여기에서는 비밀. 에비스투어에 참가하면…

에비스투어에 참가해야지!

사음 포함

투어카운터에서 접수

투어는 약 40분 소요

투어라운지에서 기다리는 사람들

에비스사마[1] 인형 컬렉션이 벽면에 즐비!

에비스 갤러리로 안내하겠습니다.

여러분 많이 기다리셨 습니다.

투어가이드 등장

1927년 역명과 지명이 '에비스'가 되었다.

사장이 되어 맥주계를 발전시켰다.

이건 모형

1899년 일본 최초의 비어홀 도쿄 긴자에 탄생

맥주왕 마고시 교헤이 (1844~1933년)

그리고 현재에! 1971년 에비스맥주 부활!

에비스사마가 없다!

코르크에서 왕관으로

1912년경

1943년 브랜드명에서 사라졌다.

컬러로!

1908년

미남?

1893년

통통하고 귀엽다!

1890년

에비스사마의 변화

갤러리는 재미있으셨나요?

(약 20분?)

맥주를 맛있게 따르는 방법은 다음과 같습니다.

건배를 하고

카! 맛있다.

꿀꺽

맛있는 생맥주의 세 가지 조건은! • 깨끗한 잔 • 잘 손질된 서버 • 따르는 솜씨

직원이 금방 따른 에비스 생맥주를 가져다준다.

안주는 소금맛 완두콩

커뮤니케이션 스테이지로 이

무척 재미있고 맛있는 투어였다!

아, 아름다워라!

거품이 부글부글

첫 번째 거품이 안정되면

1 : 1

2층

3층

1890년 무늬가 있는 머그컵

뮤지엄숍도 훌륭

흑맥주를 넣은 다이야키

에비스가 점점 좋아지네요!

테이스팅 살롱도 있어요!

상금하고 맛있다!

캬!

이 정도 비율로

3 : 7

여러 가지 에비스 생맥주를 마실 수 있다. *유료

〈맥주를 맛있게 따르는 방법〉

① 높은 곳에서 잔의 반 정도까지

② 잔의 가장자리에서 잔의 90%까지

세 번 따르기

③ 잔의 가장자리에서 천천히 거품이 올라올 때까지

에비스맥주 기념관

주소	도쿄도 시부야구 에비스 4-20-1(東京都渋谷区恵比寿4-20-1)
홈페이지	http://www.sapporobeer.jp/brewery/y_museum
가는 길	JR야마노테선 에비스역(JR山手線 恵比寿駅) 동구에서 도보 5분

학교 안 뮤지엄

분카가쿠엔 복 식 박 물 관

패션으로 문화를 발견한다

文化学園服飾博物館
BUNKA GAKUEN COSTUME MUSEUM

로비의 벽면은 아르데코 패션의 모자이크화

분카가쿠엔 복식박물관

이래 봬도 패션을 아주 좋아한답니다!

비록 멋쟁이는 아니지만···

전통의상을 정말 좋아해요.

평상시에 전통의상을 입기도 하죠.

기모노!

살아가다

시대와

일본 전통 염직 기술의 계승과 발전

← 내가 찾았을 때 전시는

유카타[5]의 주센[6]도 이런 식을 만드는 거구나.

이렇게 염색한다.

염색할 곳에만 염료를 붓는다.

DVD도 곳곳에

전시실은 둘인데 모두 합해 120~130점가량 전시하고 있었다.

짜임새 있는 전시를 쉽게 이해 하도록 해설이 붙어 있어 배우 면서 볼 수 있다.

제1실 가타조메[1] 유젠조메[2] 가스리[3] 몬오리[4]

전통의상을 위해 짜고 염색하는 노고와 기술에 감동!

이런 기술로 만들어지는지 몰랐다.

무라야마오시마쓰무기[7]에 쓰이는 실은 판뮤기염[8]이라는 기법으로 만들어진다.

미쓰비시재벌 창업자의 손녀가 재염색한 후리소데[9]

최근에는 프린터를 이용하는 기술도 발달

1938년

회화적

다양한 색을 사용하고 박을 입히고 자수도 이용

화학염료

메이지시대 후기

자수를 함께 이용

염료가 많지 않던 시절이라 예를 들어 유젠조메 기법의 전통의상

변모해 가는 시대의 흐름도 이해할 수 있다.

에도시대 후기

제2실 홀치기염색

전시는 테마를 바꾸어 가며 1년에 여러 차례 열린다.

이 전시는 〈유러피언 모드〉

20세기의 수트

19세기의 드레스

작은 토르소가 달린 체인스트랩

이곳만의 오리지널!

※토르소는 옷을 만들 때 사용하는 몸통만 있는 마네킹 같은 것

←직접 꾸며 보자. ☆✿ ♡♡

우즈베키스탄

민족의상

소장품은 여러 분야에 걸쳐 있다.

다음 전시가 기다려지네요.

미라를 덮은 천

이집트

역사적 자료

고도의 기술! 전통적이면서도 모던!

이 부분 좀 봐!

우산 무늬

홀치기염색의 다양한 기법을 이용

크게 공부가 되었습니다.

전통의상을 좋아한다고 하면서도 전혀 몰랐었네.

홀치기염색처럼 보이는 염색 기술도 있다.

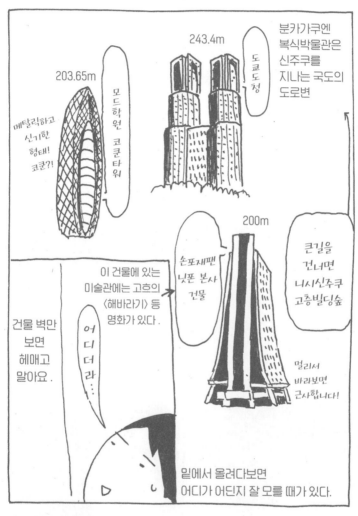

분카가쿠엔 복식박물관

주소	도쿄도 시부야쿠 요요기 3-22-7 신주쿠분카퀸트빌딩 1층(東京都渋谷区代々木3-22-7新宿文化クィントビル1階)
홈페이지	https://museum.bunka.ac.jp
가는 길	도에이신주쿠선 신주쿠역 신도심구(都営新宿線 新宿駅 新都心口)에서 도보 4분
개관시간	10：00~16：30, 금요일 ~19：00 *폐관 30분 전까지 입장
휴관일	창립기념일(6월 23일), 일요일, 공휴일, 연말연시, 전시교체기간, 하계휴가 기간 *홈페이지 참고
입장료	일반 500¥, 고등·대학생 300¥, 초등·중학생 200¥

학 교 안 뮤 지 엄

메이지대학
박 물 관

진기한 처형도구와
고문도구가 있는 박물관

明治大学博物館
MEIJI UNIVERSITY MUSEUM

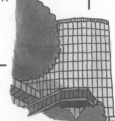

메이지대학 박물관

간다스루가다이에 있는 메이지대학의 아카데미커먼

지하 1층에는

메이지대학 기념관 앞 유적 발굴·조사

에도시대의 귀중한 것이 많다.

도서실도 있다.

그럼 지하 2층의 전시실로

자, 갑시다!

교가가 흐러나온다.

대학사 전시실

무료 입장

여기 지하에 있습니다.

〈전통공예품 수집〉

1995년
사쓰마키리코[1] 작은 주발

공예품, 민예품을 좋아하죠.

〈일용품 수집〉

수지로 만든 컵 1957년

빈티지 느낌의 근대일용품은 예뻐.

'상품'이라는 일상문화를 배울 수 있습니다.

틀 제거

화지 가공품

화지의 원재료

종이 덧붙이기

하리코[2] 인형이 만들어 지기까지

호분 칠하기

닥나무

채색

예를 들어

공예품의 원재료와 제조 과정을 쉽게 이해할 수 있게 전시되어 있다.

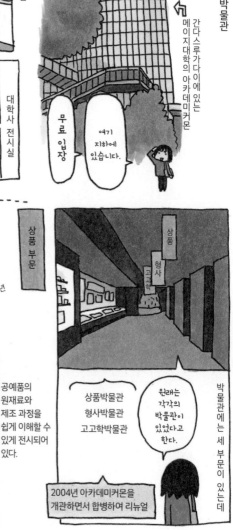

상품 부문

상품

형사 고고학

상품박물관 형사박물관 고고학박물관

원래는 각각의 박물관이 있었다고 한다.

박물관에는 세 부문이 있는데

2004년 아카데미커먼을 개관하면서 합병하여 리뉴얼

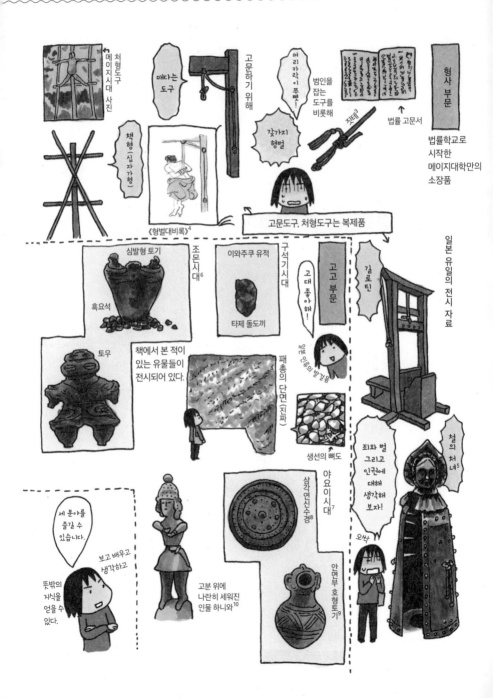

처형도구 메이지시대 사진

매다는 도구

고문하기 위해

머리카락이 쑤뺙...

범인을 잡는 도구를 비롯해

젓테[3]

형사 부문

법률 고문서

꽃가지 형벌

책형(십자가형)

《형벌대비록》[4]

고문도구, 처형도구는 복제품

법률학교로 시작한 메이지대학만의 소장품

심발형 토기

조몬시대[6]

흑요석

이와주쿠 유적

타제 돌도끼

구석기시대

고대 좋아해!

고고 부문

길로틴

일본 유일의 전시 자료

토우

책에서 본 적이 있는 유물들이 전시되어 있다.

인류의 첫 발걸음

패총의 단면(진짜)

생선의 뼈도

세 분야를 즐길 수 있습니다.

보고 배우고 생각하고

뜻밖의 지식을 얻을 수 있다.

고분 위에 나란히 세워진 인물 하니와[10]

야요이시대[7]

삼각연신수경[8]

안면부호형토기[9]

죄와 벌 그리고 인권에 대해 생각해 보자!

철의 처녀[5]

오싹

메이지대학 박물관

주소	도쿄도 지요다구 간다스루가다이 1-1 아카데미커몬 지하1층(東京都千代田区神田駿河台 1-1 アカデミーコモン地階)
홈페이지	https://www.meiji.ac.jp/museum
가는 길	JR주오선 오차노미즈역 오차노미즈바시구(JR中央線 御茶ノ水駅 御茶ノ水橋口)에서 도보 5분
개관시간	10：00~17：00 *폐관 30분 전까지 입장
휴관일	일요일, 공휴일, 하계·동계휴업 *임시휴관 있으므로 홈페이지 참고
입장료	무료

VOL

36

학교 안 뮤지엄

도　　　쿄
공업대학
박 물 관

이과계가 아니어도 두근두근

東京工業大学博物館
TOKYO TECH MUSEUM AND ARCHIVES

1층에는 시원하게 탁 트인 공간이

워크숍이 열리기도 한다.

담소를 나누거나 그룹 스터디에 이용할 수 있다.

← 오오카야마역에서 내리면 바로 앞에 멋진 건물이!

도쿄공업대학 박물관 100년기념관 입니다.

창립 100주년을 기념하여 개관

2층 전시실로 가보겠습니다.

전혀 예비 지식이 없어요.

도쿄공업대학은 어떤 대학이고 어떤 박물관일까?

도쿄고등공업학교 시절 25주년을 기념하여 제작(1905년경)

근대도예의 명인

이타야 하잔[1]의 작품

장인정신을 바탕으로 시작된 이 학교의 전문 분야 중 하나가 도예였다.

멋지다!

아름다운 액자접시!

1881년 개교하여 현재에 이르기까지의 자료를 전시

제2대 교장 데지마 세이이치의 흉상

공업교육의 기초를 닦은 인물

도쿄직공학교 창립~ 도쿄공업대학으로 발전

2층 전시는 4개 전시실로 나뉘어

100년 기념관 모형

주로 주택을 설계하는 건축가였다.

〈빈 우산의 집〉 모형

이 건물의 설계자 시노하라 가즈오의 작품을 전시

100년기념관은 시노하라 가즈오[2]의 작품

의자도 디자인

근사하다!

도쿄공업대학은 1920년대 말부터 통신 연구를 이어 오고 있다.

귀조의 발명

1940년대의 진공관 필라멘트

원리는 이해할 수 없지만 대단하다는 것은 알 수 있습니다.

광파이버의 시초(아크릴 같지만) 광파이버 프리즘

전기~빛/통신의 첨단 연구사

도쿄공업대학 박물관·100년기념관

주소	도쿄도 메구로구 오오카야마 2-12-1(東京都目黒区大岡山2-12-1)
홈페이지	http://www.cent.titech.ac.jp/index.html
가는 길	도큐메구로선·오이마치선 오오카야마역(東急目黒線·大井町線 大岡山駅)에서 도보 1분
개관시간	10 : 30~16 : 30
휴관일	토·일요일, 공휴일, 연말연시 *임시휴관 있으므로 홈페이지 참고
입장료	무료

서민 정서를 담은 뮤지엄

가쓰시카 시바마타 도라상 기념관

오랫동안 사랑받은
영화의 주인공을 기린다

葛飾柴又寅さん記念館
TORA-SAN MUSEUM

가쓰시카 시바마타라고 하면
영화 〈남자는 괴로워〉[1]의 주인공 도라상의 무대죠.

역 앞에 있는
후텐의 도라상

드디어 시바마타에
왔습니다!

앗!
저기에도
도라상이
있네!

그래서 기념관이
있는 겁니다!

카메라맨
감독
조감독

들어가자마자
촬영 현장의 모습을
알 수 있는 세트

패널과 실물 도구로
현장을 재현

도라상,
어서
오세요!

세계대전이 일어나고,
가출을 하고,
그리고 20년 후에
돌아온다!

어쩐지
감동적이다.

점점 노을저 간다.

도라상의
어린 시절

종이연극 같은 세트

이어지는 전시실에서는 움직이는
디오라마를 이용해서 도라상의
성장을 미니드라마로!

(내레이션은 주인공의 여동생이!)

역대 영화의 로비카드 전시

활기 넘치는 거리의 풍경

리얼!

들여다보니

사실은 원근법을
이용한 디오라마

「들여다보세요」라고 쓰인 구멍이 있어서…

안에 들어가 보면

달콤한
냄새가 나네!

좋은
냄새가
난다~

작은
아버지의
가게다!

배경이 되는
가게의 세트!
28년간 사용된
실물을 전시

소품도 모두 실물!

쇼와 시대의 분위기가 물씬!

로비카드란 영화관에
붙이는 선전용
포스터인데
지금은
사라졌다.

시대를
실감하게
되네요.

이쪽으로 갈수록
작아진다.

또 다른 배경이 되는
아사히인쇄소!

다코 사장!

도라상이 된 듯한 기분을 낼 수 있도록 재현한 열차

이런 여행을 해보고 싶다~

스크린으로 여행 장면을 상영한다.

도라상이 타고 있네!

시바마타에 있던 사람이 미는 인차철도

미니어처 선로를 달린다.

역무원이 표를 일일이 확인하던 시절

1913년까지 다닌 인차철도는 드라마와는 시대가 다르지만…

이 근처에 감독과 주인공으로 출연한 여배우들의 사인이

도라상은 정말 사랑받고 있구나! 도라상의 팬 한 사람이 소행성을 발견하여 Torasan이라고 명명!

도라상 별이 되다

모자를 쓴 느낌이 비슷

복제품

시바마타에 있는 고분에서 출토된 도라상과 닮은 토우

포스터 ← 제1편

달랑 트렁크 하나!

도라상의 전재산

팬에게는 정말 반가운 소품과 대본들

유리문도 잘 보면 도라상!

재킷의 무늬 →

← 얼굴

중정에도 도라상!

밖으로 나오면

출구는 역대 여주인공 아름다움에 감탄하면

봐 엄마야지.

전부 보고 싶어지는걸.

벽에 사진이

시바마타공원의 강변에는 야기리노와타시²라는 배가!

제석천도 둘러본다.

정취에 잠겨 주변을 산책할 수도 있다.

기념관 맞은편에는 감독인 야마다 요지의 뮤지엄이 있으니 이곳도 꼭!

도라상의 휴식의자

작은 부분까지 공들여 만들어져 있으니 놓치지 않도록!

바닥의 타일은 일본 지도로

작품 번호, 명물, 명소가 새겨져 있다.

좀 떨어진 곳에 외국이!
41번

제석천 참배길을 걸으면
활기 넘치는 상점들이
있습니다.

〈남자는 괴로워〉를 추억하게
하는 가게와 상품 들이 눈에 띄죠.

배경의 모델이 되었다는
오래된 가게도 있다. →

도라상을
← 연기한 배우가
기증한 등

가쓰시카 시바마타 도라상 기념관

주소　도쿄도 가쓰시카구 시바마타 6-22-19(東京都葛飾区柴又6-22-19)
홈페이지　http://www.katsushika-kanko.com/tora
가는 길　게이세이카나마치선 시바마타역(京成金町線 柴又駅)에서 도보 8분
개관시간　9:00~17:00 *폐관 30분 전까지 입장
휴관일　매월 셋째 화요일(공휴일이면 다음 날), 12월 셋째 화~목요일 *홈페이지 참고
입장료　일반 500¥, 65세 이상 400¥, 학생 300¥ *야마다 요지 뮤지엄과 공통

서민 정서를 담은 뮤지엄

스미다 호쿠사이 미술관

인상파에게 영향을 미친 우키요에 화가

すみだ北斎美術館
THE SUMIDA HOKUSAI MUSEUM

뮤지엄숍

미술관 1층은

가쓰시카 호쿠사이

게이세이 에이센[3]의 작품

우키요에[1] 화가 가쓰시카 호쿠사이[2] 초상

호쿠사이 관련 상품 여러가지!

도서실

자료가 많다!

Hokusai

료고쿠에 꼭 가보고 싶은 미술관이…

이 기하학적 건물은 무슨 미술관일까요?

그럼.

그리고 미술관 앞 도로의 이름은 호쿠사이도리

스미다 호쿠사이 미술관

전시실은 3층과 4층

워크숍과 이벤트가 열리는 강의실도 있다.

먼저 4층부터!

호쿠사이는 스미다에서 나고 자랐고 인생의 대부분을 스미다에서 보냈다.

〈스사노오노미코토 액신퇴치도〉[4] (추정 복원)

전시실 안은 온통 검은색

1923년의 대지진 당시 소실된 호쿠사이 만년의 대작

상설전시실

입구의 그림

72세 무렵

45~48세 무렵

어~이거!

보다 세련된 작품

〈후가쿠 36경〉 중 〈가나가와오키의 큰 파도 (神奈川沖浪裏)〉

〈가나가와오키 혼모쿠도〉[6]

신비롭다!

호쿠사이 구십 평생에 걸친 작품을 연대순으로 전시

유명한 시리즈 〈후가쿠 36경 (冨嶽三十六景)〉을 발품케 한다!

〈4대 이와이 한시로 가쿠시〉[5]

80세 무렵

만년에는 이런 육필화도

〈귀인과 궁녀도(貴人と官女図)〉

현대에도 그림본이 되고 있죠!

《호쿠사이 만화(北斎漫画)》 55세 무렵

호쿠사이가 19세에 데뷔하자마자 그린 그림!

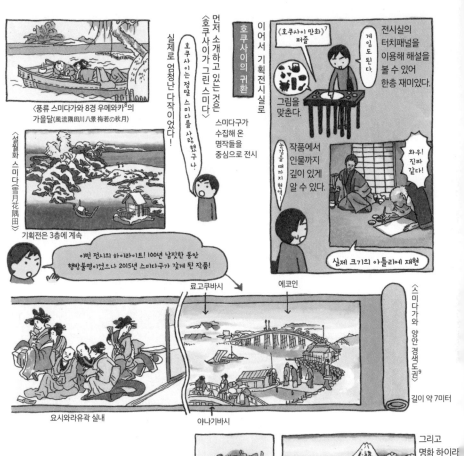

전시실의 터치패널을 이용해 해설을 볼 수 있어 한층 재미있다.

〈호쿠사이 만화〉⁷ 퍼즐

게임도 된다.

그림을 맞춘다.

이어서 기획전시실로

호쿠사이의 귀환

먼저 소개하고 있는 것은 〈호쿠사이가 그린 스미다〉

스미다구가 수집해 온 명작들을 중심으로 전시

호쿠사이는 정말 스미다를 사랑했구나.

실제로 엄청난 다작이었다!

작품에서 인물까지 깊이 있게 알 수 있다.

눈가의 주름을 따라까지 현세!

와우! 진짜 같다!

실제 크기의 아틀리에 재현

〈풍류 스미다가와 8경 우메와카⁸의 가을달(風流隅田川八景梅若の秋月)〉

〈설월화 스미다(雪月花隅田)〉

기획전은 3층에 계속

이번 전시의 하이라이트! 100년 남짓한 동안 행방불명이었으나 2015년 스미다구가 갖게 된 작품!

료고쿠바시

에코인

〈스미다가와 양안 경색도권〉⁹

길이 약 7미터

요시와라유곽 실내

야나기바시

3층의 세모난 창으로는 아름다운 스카이트리가 보였습니다.

3만 점을 남긴 호쿠사이! 압권이다!

스미다구에도 관심이 생기는걸.

상상의 동물 갓파

기념 촬영

〈주묘종규도〉¹⁰

8세 때 작품!

액막이로 인기 있는 그림이었다.

그리고 명화 하이라

〈후가쿠 36경〉 중 〈산하백우(山下白雨)〉

이것 미술관의 로고는 이 그림의 천둥 부분

아!

팸플릿!

스미다 호쿠사이 미술관

주소　　　　　도쿄도 스미다구 가메자와 2-7-2(東京都墨田区亀沢2-7-2)
홈페이지　　　http://hokusai-museum.jp
가는 길　　　 도에이오에도선 료고쿠역(都営大江戸線 両国駅) A3출구에서 도보 5분
개관시간　　　9 : 30~17 : 30 *폐관 30분 전까지 입장
휴관일　　　　월요일(공휴일이면 다음 날), 12월 29일~1월 1일 *임시휴관 있으므로 홈페이지 참고
입장료(상설전)　일반 400¥, 고등·대학생 및 65세 이상 300¥ *기획전은 전시마다 상이

책과 관련된 뮤지엄

인 쇄
박 물 관

인쇄가 없으면 세상은 성립될 수 없다

印刷博物館
PRINTING MUSEUM, TOKYO

인쇄란 우리 생활 속에 너무 당연하게 있는 것이라

활판인쇄의 조상

인쇄에 대해 좀 더 깊이 이해하는

인쇄 이전부터 현대까지 → 40미터

프롤로그 전시존

과정이나 의의 같은 것은 생각해 보지 않았는데

우선 인쇄의 역사와 발전을 정교한 복제품(일부는 실물)으로 보여 준다.

커뮤니케이션의 수단으로서 중요한 그림과 문자

인쇄박물관에서 처음으로 생각해 봤다.

라스코 벽화
(프랑스)

BC 1만 5천 년경

세계에서 가장 오래된 목판본

백만탑다라니[1]
(일본)
770년

1455년경

서양 최초 금속활자 인쇄본인 구텐베르크의 성경

저절로 감탄하게 되는 발견으로 가득합니다.

비슷한 한자로

② 문자의 활용

1606~1616년

③ 색과 형태

종합전시존

← 우키요에[3]가 만들어지기까지
(가쓰시카 호쿠사이[4])

청판 →

판을 겹쳐 찍어 간다.

⑤ 인쇄의 유전자

④ 보다 신속하게 보다 널리

〈나마즈에〉[2]

지진막이 부적

5개 영역으로 나뉘어 있다.

① 인쇄와의 만남

테이블식 전시로 의자도 있어 찬찬히 볼 수 있다.

광고의 발전에 힘입어 급속하게 중요한 산업으로 발전

이건 담배 포스터

1855년

디지털 세계로

우키요에의 인쇄
(인쇄라고 할지, 판화를 찍는 순서라고 할지)

우선 먹판 →
옅은 색부터 → 노랑(배)
→ 주홍(배)
→ 옅은 먹색(배)
→ 황토색(하늘)
→ 연한 남색(파도)
→ 남색(파도)
→ 먹색 그러데이션(하늘)

우키요에 판을 만드는 장인도 찍는 장인도 대단하다!

호사스러운 인쇄물입니다!

그리고 체험할 수 있는

인쇄공방

전시실 한쪽은 유리로 된 방

활자를 짜는 방법은

박박

엄청 많은 활자

강사의 설명을 들으면서 견학

웰컴 카드 WELCOME

활판인쇄기로 실제로 찍어 본다.

레버를 내리고~

덜덜

그 밖에 무료로 공개하는 공간

P&P 갤러리

도서실

인쇄 관계 장서가 약 4천 권

인쇄와 커뮤니케이션에 관한 기획전은 1년에 4~5회

인쇄의 세계는 심오하구나! 인쇄가 없으면 이 세상은 성립될 수 없다!

잘 갖춰진 시설입니다!

제작 DVD

맨눈으로는 보이지 않는다.

핀셋과 커터

수작업?!

장인의 기술입니다!

감동한 것은 돗판인쇄 주식회사가 제작하여 기네스북에 오른 마이크로북 0.75mm×0.74mm

뮤지엄숍에서 판매

인쇄박물관 *일부 시설은 사전예약 필요

주소	도쿄도 분쿄구 스이도 1-3-3 돗판코이시카와빌딩(東京都文京区水道1-3-3トッパン小石川ビル)
홈페이지	https://www.printing-museum.org
가는 길	도쿄메트로 유라쿠초선 에도가와바시역(東京メトロ 有楽町線 江戸川橋駅) 4번출구에서 도보 8분
개관시간	10:00~18:00 *폐관 30분 전까지 입장
휴관일	월요일(공휴일이면 다음 날), 연말연시, 전시교체기간 *홈페이지 참고
입장료	일반 400¥, 대학생 200¥, 고등학생 100¥, 중학생 이하 및 70세 이상 무료

VOL

.40

책과 관련된 뮤지엄

국립국회
도 서 관

일본 국내에서 간행된 거의
모든 책을 갖춘 도서관

国立国会図書館
NATIONAL DIET LIBRARY

물론 국회의사당도
견학할 수 있습니다.

재미있는 상품이 많습니다!

국회의사당 한정 과자!

60분 정도
걸리는
투어입니다.

국립국회도서관(도쿄 본관)

주소   도쿄도 지요다구 나가타초 1-10-1(東京都千代田区永田町1-10-1)
홈페이지   https://www.ndl.go.jp
가는 길   도쿄메트로 유라쿠초선 나가타초역(東京メトロ 有楽町線 永田町駅) 2번출구에서 도보 5분
개관시간   9:30~19:00, 토요일 ~17:00
휴관일   일요일, 공휴일, 연말연시, 매월 셋째 수요일 *홈페이지 참고

VOL
41

책과 관련된 뮤지엄

도요분코 뮤지엄

아름다운 모리슨서고가 있는
동양학 도서관

東洋文庫ミュージアム
TOYO BUNKO MUSEUM

• 도요분코의 창립자는 이와사키 히사야[1]
• 현재 장서는 약 100만 권
• 동양이란 아시아·아프리카 지역(80여 개 언어의 서적을 수집)
• 동양학은 서양에서 시작된 것

장서의 30퍼센트는 서양어 도서

그렇구나.

충정을 향해 난 커다란 창

세계 각국에서 번역된 일본문학 등을 전시

직접 열람할 수 있는 동양학의 역사책

그런데 대체 동양학이 뭐지?

이렇게 묻는 사람들이 이해하기 쉬운 오리엔트 홀

꼼꼼한 해설이 있는 전시

동양학 분야에서는 일본에서 가장 오래되고 가장 큰 연구도서관
도요분코 뮤지엄

2011년 재건축하면서 뮤지엄을 개관

1924년 설립

마르코 폴로의 《동방견문록》(1496년)

독일어로 쓰인 《다테 마사무네 견사록》(1617년)[3]

몇몇 귀중한 자료들은 펼쳐져 있다.

G. E. 모리슨

오스트레일리아의 모리슨 박사가 수집한 동아시아 관련 서적, 그림 등 약 2만 4천 점 (1917년 이와사키 히사야가 구입)

어마어마한 책들!

2층은 모리슨서고

※ 만질 수는 없다.

옆의 명품실에서는 일본의 국보와 중요문화재를 포함한 명작을 전시

커튼으로 나뉜 부스

에서는

'메르카토르 도법'이라고 배운 바로 그것!

메르카토르의 〈북극도〉[4](1619년)

접수에서 주는 뮤지엄 노트로 공부하면서 보는 걸 추천합니다!

짧은 해설이 달린 노트

읽을 수 있을지 한번 도전!

으~음

굉장하다! 근데 하나도 모르겠네.

국보 《사기(史記)》

1145년 필사

책 속의 에도미술전

계속해서 기획전시실로

도요분코의 책은 대부분 귀중한 오리지널 초판본. 난해하지만 훌륭한 책들을 볼 수 있다.

감사합니다

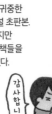

애니메이션으로 해설

스기다 겐파쿠[5]와 동료들

그리고 《타헤르 아나토미아》[7]

《해체신서》[6]

가쓰카와 슌초[11]가 1788년경 간행

춘화도 있다.

19금!

열두 작품을 모은 것 중 하나

사계절의 우키요에[9]

《이세모노가타리》[8]

세 장이 묶인 아름다운 그림

기타가와 우타마로[10]

도요분코의 우키요에는 보존 상태가 좋기로 정평이 나 있어 색감이 당시의 것에 가깝다.

선명해!

중정 앞쪽에는 오리엔트 카페

유명 농장이 운영해요...

아시아 민족의 상품도 강좌도 있다.

접수창구 직원의 유니폼은 라오스의 민속의상

캥거루

모리슨의 장서 모양 책갈피

뮤지엄숍도 충실!

카페를 운영하는 농장에서 프로듀스한 상품도 다양

구와가타 쓰구자네[12]의 〈에도명소화(江戸名所之絵)〉(1803년)

명소를 그린 풍경화 등

현재의 스카이트리 주변에서 바라본 조감도! 하늘에서 본 에도 거리를 상상으로 그린 것이다.

동양학을 더욱 깊이 알고 싶다면 강좌나 강연도 있으므로 확인!

3층에는 전문 도서실이 있습니다.

훌륭한 작품들을 실컷 봤네.

우타가와 히로시게 〈60여 지방명소도회(六十余州名所之圖絵)〉 (1853~1856년)

전 70장 중 하나

나루토해협의 모습을 그린 〈아와나루토의 풍파(阿波 鳴門の風波)〉

도요분코 뮤지엄 맞은편에는
유명한 정원 리쿠기엔(六義園)이 있습니다.

벚꽃철이나 단풍철에는
라이트업도 합니다.

아름다운
처진올벚나무가 유명하죠.

수국

철쭉

사계절 모두 아름다움을
즐길 수 있어요.

리쿠기엔은 에도시대
제5대 쇼군이 조성한 것입니다.

도요분코 뮤지엄

주소 도쿄도 분쿄구 혼코마고메 2-28-21(東京都文京区本駒込2-28-21)
홈페이지 www.toyo-bunko.or.jp/museum
가는 길 JR야마노테선·도쿄메트로 난보쿠선 고마고메역(JR山手線·東京メトロ 南北線 駒込駅)에서
도보 8분
개관시간 10:00~17:00 *폐관 30분 전까지 입장
휴관일 화요일(공휴일이면 다음 날), 연말연시 *임시휴관 있으므로 홈페이지 참고
입장료 일반 900¥, 65세 이상 800¥, 대학생 700¥, 고등학생 600¥, 초등·중학생 무료

VOL

42

책과 관련된 뮤지엄

종이 박물관

벚꽃 명소에서 배우는 종이의 역사

紙の博物館
PAPER MUSEUM

1950년 설립
1998년 공원
으로 이전

종이박물관

이 공원 안에 있는 것이

2층에 있는 뮤지엄숍에는
종이박물관답게 멋있는
종이 제품을 판매

이곳 오지는 '종이의 거리'.
1873년 오지제지의
전신이 설립되었고
현재도 제지 관련 시설이
많이 있다.

오지의 벚꽃 명소 아스카야마공원(飛鳥山公園)

무료 모노레일을
타고 정상까지
2분 걸리는 여행

걸어서
올라가도
3~4분

전철

〈일본의 종이 원료 비율〉

종이의 원료

폐지 64%
그 밖의 목재 등 30%
수입 펄프 6%

대부분이 폐지를 재활용!

제1전시실

종이란 무엇인가?
종이의 제조 과정

← 초지기(종이를 만드는 기계)

제3전시실

종이의 역사 변천을 더듬어 본다.

※확실하게 살펴본다.

코끼리의 대변!

섬유가 뭐지?

이 종이는

종이에 대해 충분히 배웠다면

제2전시실

어린이가 즐겁게 배울 수 있는 전시

접어도 원래대로 펴져서 개표할 때 수고가 덜어진다고!

골판지 하나도 매우 다양한 종류가 있다.

종이의 종류

특별한 합성지

선거용

합성수지를 늘려서 만든다.

다양한 종이

잘 녹지 않는 티슈

만지며 확인할 수 있다.

폐지는 어떤 종이로 다시 태어날까?

뮤지엄숍에서 구입할 수 있어요.

← 종이 의자!

이해하기 쉬운 영상을 보며 배울 수 있는 코너도 있다.

오리지널 캐릭터인 페이퍼맨이 안내!

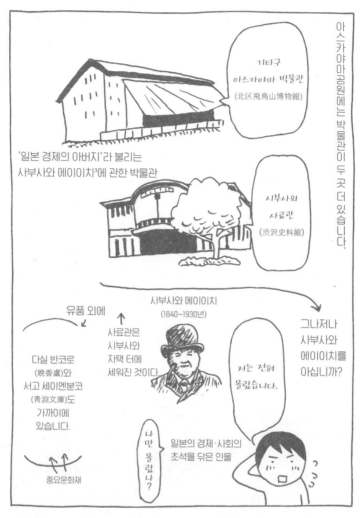

종이박물관

주소	도쿄도 기타구 오지 1-1-3(東園都北区王子1-1-3)
홈페이지	https://papermuseum.jp
가는 길	게이힌토호쿠선 오지역(京浜東北線 王子駅) 남구에서 도보 5분
개관시간	10 : 00~17 : 00 *폐관 30분 전까지 입장
휴관일	월요일(공휴일이면 다음 날), 연말연시 *임시휴관 있으므로 홈페이지 참고
입장료	일반 400¥, 초등·중고생 200¥

책과 관련된 뮤지엄

무사시노 플레이스

카페에 책을 가져가서 읽을 수 있다니

武蔵野プレイス
MUSASHINO PLACE

무사시사카이역 남구를 나오면
바로 포근해 보이는 하얀 건물이 보인다.

도서관, 평생학습 시설, 청소년 활동 시설 등이 있어

무사시노 플레이스

맞은편은
광장 같은 시립공원

그런데
내부는
어떨까?

어쩌지 딱딱한 시설일 거라고 상상했는데…

1층 파크라운지

잡지 약 620종,
신문 36종을
마음대로 열람

최신호

잡지를 갖고
들어갈 수도
있죠.

최신호는 한 권만

인기 팬케이크!

카페도 있네!

갤러리도 있는데
다목적 이벤트에
이용할 수 있다.

세련된걸!

지하1층 메인라이브러리

천장이
높아서
개방감!

지하인데
답답하지
않고
차분한
분위기

예술 분야 도서, 청소년용
도서를 갖춘 공간도

직원 추천
도서 소개글도
귀엽다.

지하2층 틴스 스튜디오

청소년만
이용할 수
있는
라운지!

오후에는
학생들로 활기

평일 오전 10시

시험공부를
하고 있는 무리

먹고 마실 수도
있도록 레인지와
포트도 갖춘
자유로운 공간

들어가고 싶어!

이 라인부터
10대들만!

10대가
부러워~

그 밖에
〈크래프트 스튜디오〉
요리 등

〈퍼포먼스 스튜디오〉
댄스 등

알찬
설비

〈사운드 스튜디오〉

유료지만
저렴하게
이용할 수 있다.

스튜디오 접수에는
다양한 상담을 할 수
있는 직원이 상주하고
있으므로 안심

뭐든지 있다.

탁구대

재충전을 위해

클라이밍

무사시노 플레이스

주소	무사시노시 교난초 2-3-18(武蔵野市境南町2-3-18)
홈페이지	http://www.musashino.or.jp/place
가는 길	JR주오선·세이부타마가와선 무사시사카이역(中央線·西武多摩川線 武蔵境駅) 남구에서 도보 1분
개관시간	9:30~22:00
휴관일	수요일(공휴일이면 다음 날) *홈페이지 참고

끝내면서

재미있게 즐기셨나요?

이 책에 담긴 미술관, 박물관 등을 취재할 때

매번 동행해 준 담당자 다케다 씨 감사했습니다.

저는 앞으로도 계속 마음에 드는 뮤지엄, 궁금한 뮤지엄을
어슬렁어슬렁 돌아다닐 겁니다. 정말 좋아하거든요.
여러분과 어딘가에서 만나기를 기대하겠습니다.

오타가키 세이코

에도 · 도쿄 건축박물관

1 민가(民家)

사전적 의미로는 서민의 주거를 가리키지만, 농가와 마치야(장인이나 수공업자의 주거)를 의미하는 경우가 많다. 대부분 에도시대(에도는 지금의 도쿄. 1603~1867년) 이후의 것이다.

2 하치오지센닌도신 구미가시라(八王子千人同心組頭)

도쿠가와 이에야스는 에도성이 함락될 경우를 대비해 주요 도주로가 되는 하치오지(현재 도쿄도 서부에 있는 도시) 주변에 무사단 하치오지센닌도신을 배치하고 평소에도 경비하게 했다. 구미는 그들의 편성조직을, 가시라는 우두머리를 가리킨다.

3 덴엔초후의 집(田園調布の家)

1925년 도쿄 교외주택가 덴엔초후에 세워진 주택. 이 집은 거실을 중심으로 식당, 침실, 서재가 배치되어 있고 당시로서는 보기 드물게 모두 서양식으로 되어 있다.

4 야마노테도리(山手の通り)

야마노테는 고지대를, 도리는 길·도로를 이른다. 에도시대에 에도성 서쪽 고지대에 막부의 관리들이 거주한 데에서 유래해 사회적 지위가 높거나 부유한 사람들이 거주하는 곳을 가리킨다. 현재 도쿄의 혼고, 아카사카, 아오야마, 아자부 등의 지역이다.

5 메이지시대와 쇼와시대

메이지시대는 1868~1912년, 쇼와시대는 1926~1989년. 쇼와시대 초기인 1930년대에 서양의 근대문물이 들어오면서 나타난 양상을 쇼와모던이라고 부른다.

6 데라란데 저택(デ·ラランデ邸)

독일인 건축가 게오르그 데라란데가 1910년 단층 양옥을 3층 건물로 증축한 것으로 1999년까지는 신주쿠에 있었다.

7 다카하시 고레키요(高橋是淸, 1854~1936년)

재정가이자 정치가. 러일전쟁 군비조달을 위한 외채 모집에 성공하여 근대일본을 대표하는 재정가로 널리 알려졌다. 군비를 억제하는 등의 일로 군부의 반감을 사서 2·26사건(1936년 급진적인 청년 장교들이 일으킨 쿠데타) 당시 암살되었다.

8 고다카라유(子宝湯)

미야자키 하야오 감독이 〈센과 치히로의 행방불명〉에 나오는 목욕탕의 이미지에 참고했다고 한다.

9 아마미(庵美)의 다카쿠라(高倉)

다카쿠라는 습기와 쥐 등으로부터 곡물을 보호하기 위해 지면보다 높게 짓는 곡물 저장 창고다. 규슈 남쪽 서태평양에 있는 아마미군도의 다카쿠라는 지붕의 경사가 급한 것이 특색이다.

10 미쓰이 하치로우에몬(三井八郎右衛門)

미쓰이재벌로 유명한 미쓰이 가문을 대표하는 세습 이름. 이 이름을 세습받은 가장은 가업을 계승하고 가산을 일괄 소유했다.

도쿄 국립박물관

1 《엔기시키(延喜式)》, 헤이안시대

   《엔기시키》는 905~927년에 집대성된 율령의 시행세칙이 담긴 전 50권의 법전이며, 헤이안시대는 794~1185
   년에 해당하는 시기다.

2 조몬·야요이·고분시대

   일본의 시대 구분으로 조몬시대는 기원전 1만 3천(또는 1만 4천)~기원전 300년, 야요이시대는 기원전 3세기
   ~기원후 3세기, 고분시대는 3세기 후반에서 7세기에 걸친 시기다. 조몬은 그 시대 토기에 보이는 새끼줄 문양
   을 뜻하며, 야요이시대는 철기·청동기·대륙계 마제석기·수도경작이 특징이다. 또 고분시대에는 지배자의 권
   위를 상징하는 고분이 일본 각지에 조성되었다.

3 〈차광기 토우(遮光器土偶)〉

   조몬시대에 만들어진 토우. 과장되게 표현된 눈이 설원의 반사로부터 눈을 보호하는 고글(차광기)과 흡사하여
   붙여진 이름이다. 커다란 눈, 두툼한 팔다리, 가는 손목과 발목이 특징이다.

4 후스마에(襖絵)

   방과 방 또는 방과 마루 사이의 문에 천이나 종이를 발라 그린 그림. 교토 다이토쿠지(大徳寺)의 후스마에 24
   면은 일본의 국보다.

5 〈풍신뇌신도 병풍(風神雷神圖屏風)〉

   바람을 관장하는 풍신, 천둥과 번개를 일으키는 뇌신의 모습을 묘사한 그림 두 장으로 만든 병풍.

6 우키요에(浮世絵)

   우키요란 덧없는 현세를 의미하는 말로, 우키요에는 풍속을 소재로 삼은 에도시대의 서민적인 그림. 비교적
   저렴하여 대중 사이에 퍼졌으며 목판화가 주를 이룬다. 모네, 마네 등 프랑스 인상파 화가들에게 영향을 준
   것으로 널리 알려져 있다. 대표적인 화가로는 기타가와 우타마로(〈도요분코 뮤지엄〉의 주 10), 우타가와 히로
   시게(〈도요분코 뮤지엄〉의 주 13), 가쓰시카 호쿠사이(〈스미다 호쿠사이 미술관〉의 주 2) 등이 있다.

7 〈갈대와 배 마키에 벼루집(芦舟蒔絵硯箱)〉

   중요문화재로 에도시대 서예가이자 도예가인 혼아미 고에쓰(1558~1637년)가 만든 작품. 목제에 옻칠이 입혀
   져 있으며 근세 초기 마키에에 커다란 영향을 미쳤다. 마키에는 옻칠로 그린 문양이 마르기 전에 금은가루나
   색가루 등을 뿌려 표현하는 일본 특유의 칠공예 기법이다.

8 〈이로에 표문표형 술병(色絵瓢文瓢形德利)〉

   이로에는 도자기 위에 문양을 그리거나 채색하는 방법으로, 호리병박 그림을 그려 넣은 호리병 형태의 술병
   이다.

9 기토라고분(キトラ古墳)

   일본 나라현 아스카촌에 있는 고분으로 1983년 석실 안쪽의 채색벽화에서 현무가 발견되었다. 피장자가 밝혀
   지지 않았으나 백제 창왕이라는 주장이 있다.

10 네쓰케(根付), 다카마도노미야(高円宮)

   네쓰케는 에도시대 남자들의 장신구로, 도장이나 담배를 넣어 허리춤에 매다는 주머니가 빠지지 않게 하는 세
   공품이다. 다카마도노미야는 일본 황족 다카마도노미야 노리히토(1954~2002년).

11 하니와(埴輪)

동물이나 사람 모양으로 빚은 토용으로 4~7세기에 만들어진 일본 고분의 장식. 봉토분 위 또는 그 주변에 둘러놓는다.

12 우타가와 구니요시(歌川国芳, 1861~1798년)

에도시대 후기의 우키요에 화가. 용맹한 무사를 그린 그림으로 명성을 얻었으며 서양화풍 풍경화도 뛰어났다.

국립과학박물관 일본관

1 미나토가와인(港川人) 1호

1970년 일본 오키나와현 미나토가와에서 출토된 화석인골. 구석기시대에 살았고 키 155cm가량의 남성에 근육질 체형으로 추정된다.

2 충견 하치코(ハチ公)

주인이 출근할 때 늘 도쿄 시부야역까지 배웅하던 하치코는 어느 날 집에서 돌아오지 못하고 갑자기 세상을 떠난 주인을 10년 가까이 시부야역 앞에서 기다렸다. 하치코동상은 시부야의 상징과도 같다.

도쿄 국립근대미술관

1 하세카와 도시유키(長谷川利行, 1891~1940년)

서양화 화가. 활동 기간은 20년이 안 되지만 1~2시간에 완성하는 속필이어서 꽤 많은 작품을 남겼다. 방탕한 생활과 길지 않은 경력으로 사후 수십 년이 지나 평가받았다. 〈카페 파우리스타〉는 1930년 작품으로 2009년 한 방송 프로그램에서 발견되었다.

2 구로다 세이키(黒田清輝, 1866~1924년)

서양화 화가. 일본에 서양의 미술 이론을 처음으로 소개했다. 태양광선 아래 자연을 묘사한 프랑스 외광파의 작풍을 도입하고 그 배경이 되는 자유로운 정신과 사상을 받아들이는 데 큰 역할을 했다.

3 가와바타 류시(川端龍子, 1885~1966년)

근대일본화의 대가. 서양화로 출발했으나 일본화로 전향했으며, 종래의 틀을 깬 기발한 내용과 호방한 필치로 다수의 대작을 남겼다.

4 후지타 쓰구하루(藤田嗣治, 1886~1968년)

서양화 화가. 1913년 프랑스로 건너가 배경에 선묘를 하는 독자적인 작풍으로 파리 화단의 주목을 모았다. 제1차 세계대전 후에서 제2차 세계대전 전 사이에 파리로 이주해 온 외국인 화가 집단인 에콜 드 파리의 한 사람인 그는 모딜리아니, 피카소 등과 교류했다.

5 구니요시 야스오(国吉康雄, 1889~1953년)

서양화 화가. 소년 시절 미국으로 건너가 노동을 통해 사회 모순과 부딪히며 살았던 그는 그림에 하층민중의 생활을 담아냈다. 제2차 세계대전 당시는 적성국가 출신으로 지내야 했던 갈등을 그림으로 표현했다.

6 스기야마 야스시(杉山寧, 1909~1993년)

일본화 화가. 일본화에 선묘, 마티에르 등의 기법을 도입하여 독자적인 화풍을 확립했으며 이집트와 인도 등 고대 유적, 추상화 등 일본화에는 없던 소재에도 손을 댔다.

7 히가시야마 가이이(東山魁夷, 1908~1999년)

일본화 화가. 1970년대 나라에 있는 사찰 도쇼다이지의 의뢰를 받아 장지문과 벽 68면에 일본 자연의 아름다움을 그린 풍경화 대작으로 국민적 일본화 화가가 되었다.

8 다카야마 다쓰오(高山辰雄, 1912~2007년)

일본화 화가. 폴 고갱의 영향을 받은 〈나부〉 시리즈와 〈가족〉 시리즈로 드라마를 품은 화풍, 서양화와 일본화의 벽을 허문 독특한 작풍을 전개했다.

9 다무라 아키히데(田村彰英, 1947년~)

사진가. 미군기지, 별과 항공기의 궤적, 소방관, 미국의 풋볼선수 등 다양한 대상으로 섬세하면서 부유하는 듯한 새로운 시각 세계를 선보여 주목을 모았다.

10 모리스 루이스(Morris Louis, 1912~1962년)

미국의 추상화 화가. 물감을 떨어뜨리거나 흘리는 잭슨 폴록의 방식으로부터 개발한 자신만의 회화 기법으로 유명하다. 제작과정을 누구에게도 보여 주는 일이 없는 것은 물론 일절 말하지도 않고 기록도 남기지 않아 작품에 대한 정보가 거의 없다.

11 아카세가와 겐페이(赤瀬川原平, 1937~2014년)

전위미술가이자 수필가. 1천 엔 지폐를 200배로 확대하여 모사한 작품 〈복수의 형태학〉이 1965년 법률 위반으로 기소되어 화제가 되었다.

12 앤터니 곰리(Antony Gormley, 1950년~)

현대 영국을 대표하는 조각가. 자신의 몸을 직접 캐스팅하여 만든 납 인물상으로 조각의 영역을 넓혔다. 그의 조각과 설치 작업은 영혼을 흔드는 소통의 미학을 추구한다는 평가를 받고 있으며 1994년 권위 있는 현대미술상인 '터너상'을 수상했다.

13 이사무 노구치(Isamu Noguchi, 1904~1988년)

20세기를 대표하는 조각가. 일본계 미국인인 그는 조각 외에 그림, 인테리어, 조경, 산업디자인, 가구, 조명, 무대미술 등 다양한 분야에서 활동했다. 1940년대 혁신적인 인테리어 디자이너으로 명성을 떨쳤고, 제2차 세계대전이 끝난 일본으로 돌아가 접이식 램프 아카리를 디자인하여 경제를 살리는 데 일조했다는 평가를 받는다.

쇼와의 생활 박물관

1 자노마(茶の間)

일본의 주거공간 중 가족이 식사를 하는 등 많은 시간을 보내는 곳. 다다미가 깔려 있고 부엌과 가까우며 겨울에는 난방을 대신하는 고타쓰가 있다.

2 자시키(座敷)

일본의 주거공간 중 손님을 맞거나 집안의 행사를 치르는 곳으로 보통은 정원을 향해 있다.

도쿄 장난감미술관

1 오키나와 하리코(沖繩張り子)

하리코는 대나무 또는 점토로 틀을 만들어 그 위에 종이를 여러 겹 붙여서 말린 다음 틀을 빼내 만든 물건을 말한다. 오키나와 하리코는 특유의 컬러풀한 색채가 특징이며, 아이의 건강과 출세를 기원하는 의미가 있다.

2 자킨즈시(茶巾ずし)

야채나 생선 등으로 맛을 낸 초밥을 달걀지단으로 싸고 박고지 또는 가는 다시마로 묶은 초밥.

3 오시즈시(押しずし)

누름틀에 초밥을 담고 그 위에 생선 등을 얹어 힘주어 눌러 네모지게 만드는 초밥.

미타카 덴메이 반전주택

1 아라카와 슈사쿠(荒川修作, 1936~2010년)와 매들린 긴스(Madeline Gins, 1941~2014년)

미술가로 활동하던 아라카와와 시인으로 활동하던 긴스 두 사람은 1962년에 만난 후 공사 양면에서 평생의 동반자가 된다. 두 사람은 1969년 대표작이 된《의미의 메커니즘》을 시작으로 영화, 출판, 건축 등 많은 작업을 공동으로 했다. 2005년 나고야시가 실험적으로 시작한 주택 시리즈의 기본구상과 기본설계를 아라카와 슈사쿠 + 매들린 긴스사무소가 담당했고 같은 해 가을 미타카 덴메이 반전주택이 완성되었다. 두 사람이 주장해온 '생명을 낳는 환경', '죽지 않기 위한 집'의 제1호다. 완성 후 세계 각국의 미디어에서 앞 다투어 다루었는데 "예술작품인가 주택인가"라는 논쟁은 현재도 이어지고 있다.

요코하마 미술관

1 단게 겐조(丹下健三, 1913~2005년)

건축가. 일본의 전통적인 감성과 서구의 모더니즘을 조화롭게 결합시켜 현대 일본 건축의 기초를 확립했다. 1987년 일본 건축가 최초로 프리츠커상을 수상했고, 당대 가장 선도적인 건축가 가운데 한 사람으로 건축가들에게 지대한 영향을 미쳤다. 도쿄도 청사, 후지텔레비전 본사 등의 작품이 있다.

2 미야가와 고잔(宮川香山, 1842~1916년)

도공. 무역상의 권유로 1871년 해외수출용 도자기를 제조하기 위해 요코하마에 요를 열고 섬세한 장식을 한 화병을 제작하여 호평을 얻었다.

3 세이가이하(青海波)

파도 모양을 반원형으로 표현하여 동심원상으로 겹친 일본의 전통 문양.

4 우키요에(浮世絵)

〈도쿄 국립박물관〉의 주 6.

5 쓰키오카 요시토시의 〈메이지연간 처군지풍속(明治年間妻君之風俗)〉

우키요에 화가 쓰키오카 요시토시(月岡芳年, 1839~1892년)가 메이지시대(1868~1912년) 여성들의 풍속을 묘사한 그림. 쓰키오카 요시토시는 미인화, 풍속화, 역사화 등을 그리는 한편 잔혹한 장면을 묘사한 그림으로도 유명해 '피투성이 요시토시'라고 불린다.

6 쥘 조제프 르페브르(Jules Joseph Lefebvre, 1836~1911년)

주로 아름다운 여성 한 사람만 담은 인물화를 그린 프랑스의 화가.

7 하세가와 기요시(長谷川潔, 1891~1980년)

판화가. 1918년 프랑스에 건너가 동판화 기법을 배웠는데 특히 메조틴트라는 판화 기법을 부활시켜 독자적인 양식을 확립한 것으로 유명하다.

8 스가 기시오(菅木志雄, 1944년~)

현대미술가. 나무, 돌, 모래, 금속, 종이 등 '물건' 자체를 소재로 간결하게 표현하는 모노(もの. '물건, 사물'이라는 의미)파의 대표 작가다.

9 이마무라 시코(今村紫紅, 1880~1916년)

일본화 화가. 역사화, 풍속화, 초상화를 발표하여 명성을 얻었으며 대담한 기법과 구도, 신선한 색채 감각으로 근대일본화의 혁신에 기여했다.

10 우메사카 오리(梅阪鶯里, 1900~1965년)

사진가. 주식중개인으로 일하는 한편 1920년 아마추어 사진 클럽에 들어 사진을 찍기 시작했다. 풍경과 식물을 테마로 한 작품이 많다.

11 줄리아 마거릿 캐머런(Julia Margaret Cameron, 1815~1879년)

영국의 사진가. 사진가로서의 경력은 만년의 12년 정도에 불과하지만, 회화적인 사진을 추구하여 사진술 발전에 커다란 영향을 미쳤다. 특히 토머스 칼라일, 찰스 다윈 등 유명인사들이 모델이 되어 준 그녀의 초상사진은 오늘날에도 모방될 만큼 뛰어나다.

12 이사무 노구치(Isamu Noguchi, 1904~1988년)

〈도쿄 국립근대미술관〉의 주 13.

13 오사라기 지로(大佛次郎, 1897~1973년)

소설가. 1924년에 발표한 시대소설 〈구라마텐구(鞍馬天狗)〉는 독자들의 압도적인 호응으로 30년이 넘도록 연작을 발표했다. 스스로 '고양이가 평생의 반려'라고 할 만큼 고양이를 사랑하여 고양이를 소재로 한 많은 에세이와 소설, 동화를 남겼다.

도코로자와 항공발상기념관

1 니노미야 주하치(二宮忠八, 1866~1936년)

일본 비행기 개발의 선각자. 미국 라이트 형제의 발명보다 약 10년 앞선 1890년에 고무줄로 프로펠러를 회전시키는 모형 비행기를 완성했다.

2 기무라 히데마사(木村秀政, 1904~1986년)

항공기 설계자. 1938년 1만 1,600킬로미터를 비행하여 장거리비행 세계기록을 수립했고, 일본 최초의 여객기 YS-11을 개발했다.

하야시 후미코 기념관

1 하야시 후미코(林芙美子, 1903~1951년)

10대에 고향 시모노세키를 떠나 도쿄로 와서 여공, 노점상 등을 전전하면서 동화와 시를 썼다. 1930년에 발표한 데뷔작이자 자전적 소설인 〈방랑기〉는 베스트셀러가 되었다. 주로 소시민, 노동자, 특히 서민 여성이 생활고를 이겨내는 작품을 발표했다. 1926년 화가 지망생 데즈카 마사하루와 결혼 후 비로소 안정된 생활을 하게 되었고, 데즈카 마사하루는 자신의 일은 포기하고 후미코의 집필을 적극 도왔다.

2 자노마(茶の間)

〈쇼와의 생활 박물관〉의 주 1.

3 무라오카 하나코(村岡花子, 1893~1968년)

번역가이자 아동문학가. 〈빨간머리 앤〉을 비롯해 아동문학 작품과 그림책을 다수 번역했다.

4 쓰보이 사카에(壺井栄, 1900~1967년)

소설가. 프롤레타리아 문학운동에 동참하여 《일하는 여성(働く婦人)》의 편집부에 참여하며 창작을 시작했다. 1952년 발표한 반전문학의 대표작 〈스물네 개의 눈동자〉로 인기 작가가 되었다.

5 후나하시 세이이치(舟橋聖一, 1904~1976년)

소설가, 극작가. 희곡에서 시작하여 행동주의를 주장하는 소설 〈다이빙〉으로 주목을 받았으며 제2차 세계대전 후에는 관능미의 세계를 전개했다.

6 무샤코지 사네아쓰(武者小路実篤, 1885~1976년)

〈조후시 무샤코지 사네아쓰 기념관〉의 주 1.

7 단 가즈오(壇一雄, 1912~1976년)

소설가. 분방한 생활과 방랑을 일관하여 최후의 무뢰파로 일컬어지며 미식가로도 유명하여 우리나라에도 소개된 《백미진수》라는 저서가 있다.

8 야스이 소타로(安井曽太郎, 1888~1955년)

서양화 화가. 꼼꼼한 데생에 기본을 두고 명쾌한 색채를 사용하는 유화 양식을 완성했으며 풍경화, 정물화, 초상화에 걸작을 남겼다.

9 사에키 유조(佐伯祐三, 1898~1928년)

서양화 화가. 작가로 활동한 시기가 짧은데 그 대부분을 프랑스에서 보냈으며 격정적이면서도 고독한 정취를 담아 파리 거리를 그렸다. 또한 그는 문자를 모티프로 삼았는데 포스터, 간판 등의 문자를 조형 요소의 하나로 보았다.

조후시 무샤코지 사네아쓰 기념관

1 무샤코지 사네아쓰(武者小路実篤, 1885~1976년)

소설가이자 시인, 극작가, 화가. 인도주의, 이상주의를 추구한 작가로 일관되게 인생을 찬미하고 인간애를 추구했다. 또한 1918년 뜻을 같이하는 동지들과 함께 실천운동으로서 아타라시키무라(新しき村, '새로운 마을'이라는 뜻)를 세웠다. 이 마을은 현재까지 이어지고 있으며 사회계급과 빈부 격차, 과중 노동을 배제하고 농업 위주의 자급자족에 가까운 생활을 한다.

2 니치렌(日蓮, 1222~1282년)

일본 불교 종파의 하나인 니치렌종의 개조. 16세에 출가하여 전통불교의 교리에 의문을 품고 일본 각지를 떠돌며 공부한 후 니치렌종을 세웠다. 정토종, 선 등을 비판한 탓에 박해를 받아 유배를 가기도 했다.

3 이하라 사이카쿠(井原西鶴, 1642~1693년)

에도시대의 시인이자 소설가. 무사와 서민의 생활 실태를 객관적으로 묘사하여 일본 최초의 현실주의적 시민 문학을 확립했다. 대표작으로는 〈호색일대남(好色一代男)〉, 〈호색오인녀(好色五人女)〉 등이 있다.

4 니노미야 손토쿠(二宮尊德, 1787~1856년)
에도시대 말기의 농정가이자 사상가. 철저한 실천주의자로 농촌의 갱생을 목적으로 하는 운동을 전개했다.
5 세키노 준이치로(関野準一郎, 1914~1988년)
판화가. 유화로 착각할 만큼 독특한 세부 묘사가 뛰어난 작품을 발표했다.

아이다 미쓰오 미술관

1 아이다 미쓰오(相田みつを, 1924~1991년)
서예가이자 시인. 인생의 깊이를 담은 촌철살인의 자작시를 독자적인 필체로 써서, '붓글씨로 써보는 아이다 미쓰오'라는 게임이 있을 정도로 일본인에게 폭넓은 사랑을 받고 있다. 《사람이니까》, 《덕분에》 등의 저서가 있다.

아사쿠라 조소관

1 아사쿠라 후미오(朝倉文夫, 1883~1964년)
'동양의 로댕'으로 불린 조각가. 탁월한 조소 솜씨와 충실한 관찰에 의한 사실 묘사로 일본 근현대 조각에 커다란 영향을 미치고 조각계를 리드하는 중심 인물로 활약했다.
2 다카무라 고타로(高村光太郎, 1883~1956년)
시인이자 조각가. 태평양전쟁에 협력하는 시를 쓴 그는 제2차 세계대전 종전 후 그 책임의식으로 산속에서 독거생활을 했다. 우리나라에는 《슬픈 인간》, 《지에코초》 등의 책이 번역·소개되었다.
3 유호(油壺)
머릿기름이나 석유램프의 석유 등을 넣어 두는 작은 단지.
4 네쓰케(根付)
〈도쿄 국립박물관〉의 주 10.

구 시라스 저택 부아이소

1 시라스 부부
시라스 지로(白洲次郎, 1902~1985년)와 시라스 마사코(白洲正子, 1910~1998년) 부부. 시라스 지로는 정치가이자 실업가로, 기업의 임원 등을 거쳐 제2차 세계대전 후에는 연합군 최고사령부와의 협상을 담당했고 무역청의 초대 장관, 샌프란시스코 강화회의 전권위원고문 등을 지냈다. 부인 시라스 마사코는 수필가로, 여성에게는 금지되어 있던 일본의 전통극 노(能) 무대에 오른 최초의 여성이며 고미술과 고전문학에 관한 저서가 많다.
2 이로리(いろり)
난방과 취사에 이용하기 위해 실내의 바닥 일부를 사각형으로 파내 불을 지피게 한 장치.
3 후쿠자와 유키치(福沢諭吉, 1835~1901년)
계몽사상가이자 교육자. 서양학문을 배우고 서구문명을 받아들일 것을 주장하여 일본이 근대로 나아가는 데 큰 역할을 했으며, 그의 저서 《학문의 권장》·《문명론의 개략》 등은 일본 사회에 막대한 영향을 끼쳤다.

하코네 랄리크 미술관

1 사라 베르나르(Sarah Bernhardt, 1844~1923년)

프랑스 벨에포크시대를 상징하는 여배우. 빅토르 위고가 '황금의 목소리'라고 평가하는가 하면 장 콕토는 '성스러운 괴물'이라고 불렀다. 그녀를 위해 호화스러운 무대의상과 장식적 도안의 포스터가 제작되어 아르누보의 중심인물이 되었다.

정립 유가와라 미술관

1 히라마쓰 레이지(平松礼二, 1941년~)

일본화 화가. 그의 작품은 대담한 구도와 섬세하고 치밀한 필치로 '히라마쓰 산수'라고 불린다. 또한 먹, 콜라주 등 다채로운 기법을 구사하여 현대일본화 화단을 대표하는 화가이며, 2000~2010년까지 일본의 대표적 월간지 《분게이슌주(文藝春秋)》(아쿠타가와상을 운영하고 있다)의 표지화를 그렸다.

2 다케우치 세이호(竹内栖鳳, 1864~1942년)

동물을 그리면 그 냄새까지 그린다고 일컬어지는 일본화 화가. 근대를 대표하는 대가로서 요코야마 다이칸과 쌍벽을 이루었다.

3 요코야마 다이칸(横山大観, 1868~1958년)

일본화 화가. '몽롱체'라고 불리는 화풍을 시도하는 등 일본화의 근대화에 커다란 자취를 남겼으며 수묵화에서 신경지를 개척했다.

4 야스이 소타로(安井曾太郎, 1888~1955년)

〈하야시 후미코 기념관〉의 주 8.

5 인간국보

일본의 중요무형문화재 보유자로 인정된 인물.

6 하마다 쇼지(濱田庄司, 1894~1978년)

도예가이자 민예운동의 중심인물. 자신만의 유약 기술을 구사하고 단순한 형태에 기초하는 한편 현대적인 선과 노련미를 갖춘 작품이 특징이다. 민예운동은 〈도쿄공업대학 박물관〉의 주 4.

7 니시무라 교타로(西村京太郎, 1930~2022년)

추리소설 작가. 공무원, 트럭 운전사, 사립탐정 등을 전전하며 추리소설을 썼다. 〈종착역 살인 사건〉 등 철도를 트릭에 이용한 트래블 미스터리의 일인자다.

8 〈도쓰가와 경부(十津川警部)〉 시리즈

경시청 형사부 수사1과의 도쓰가와 경부를 주인공으로 한, 니시무라 교타로 추리소설 시리즈의 대표작. 텔레비전 드라마의 원작으로도 인기 있다.

야요이 미술관

1 이토 히코조(伊藤彦造, 1904~2004년)

화가이자 일러스트레이터. 치밀한 펜화로 그린 삽화로 한 시대를 풍미했다. 소년잡지 《쇼넨쿠라부(少年倶楽部)》의 연재소설 삽화로 유명해졌고 그 그림들은 현재도 전시회 등을 통해 볼 수 있다.

2 《쇼넨쿠라부(少年俱楽部)》
1914년 창간되어 1962년까지 611권을 간행한 월간 소년잡지. 대중아동문학이라는 장르를 완성했으며 전성기에는 발행부수가 100만 부에 가까웠다.

3 가쿠에(額絵)
1880년대 무렵 잡지와 도서의 삽화로 이용되던 석판화가 1887~1892년경에는 감상을 위한 작품으로서 전성기를 맞았는데, 이것을 가쿠에라 부른다.

4 다카바타케 가쇼(高畠華宵, 1888~1966년)
삽화가. 대중잡지, 소년지, 소녀지 등에 미녀, 미소녀, 미소년을 그려 큰 인기를 모았다.

5 미술관의 창립자 가노 다쿠미(鹿野琢見, 1919~2009년)는 어린 시절 우연히 본 〈고향이여 안녕!〉에 감동을 받은 일을 계기로 만년의 다카바타케 가쇼를 돌보았다. 그러면서 다카바타케는 물론 다른 작가들의 작품도 수집하여 미술관을 세웠다.

6 다케히사 유메지(竹久夢二, 1884~1934년)
화가이자 시인. 우수에 찬 커다란 눈동자를 가진 여인을 서정적으로 그린 미인화, 이른바 '유메지풍 미인화'로 1900년대 초반 많은 사람을 매료했다.

7 히구치 이치요(樋口一葉, 1872~1896년)
소설가. 1년 남짓한 활동으로 22편의 소설, 수필 외 일기 등을 남겼고 문학적으로 높이 평가받고 있다. 민중의 애환을 그리는 한편, 억압받고 속박받는 여성의 현실을 그려 냈다.

8 다이쇼로망
다이쇼시대(1912~1926년)의 사회 분위기를 전하는 사조 또는 문화현상. 민주화가 진행됨에 따라 이 시기는 사회 분야에서는 개인의 해방과 새로운 시대에 대한 이상주의가 널리 퍼졌고 예술 분야에서는 아르누보, 아르데코, 표현주의의 영향을 받았다.

9 나이토 르네(内藤ルネ, 1932~2007년)
일러스트레이터이자 디자이너. 1971년 런던동물원에서 처음 판다를 보고 르네판다를 만들었는데, 1972년 중국 정부가 일본에 판다 두 마리를 선물하여 판다 붐이 일어나 극장용 애니메이션·인형·문구 등이 제작되며 큰 인기를 끌었다.

10 미즈모리 아도(水森亜土, 1939년~)
일러스트레이터. 1970년 텔레비전 프로그램에서 두 손으로 투명 아크릴보드에 그림을 그리면서 노래하는 퍼포먼스를 하여 화제를 불러일으켰다. 고양이 캐릭터와 키스하는 커플 일러스트로 인기를 끌었다.

11 와타나베 마사코(わたなべまさこ, 1929년~)
만화가. 일본의 소녀만화 초창기부터 현재까지 활동하는 거장이다. 소녀의 내면에 있는 선악 양면을 그려 엄청난 공감을 부른 1971년작 〈유리의 성〉을 비롯해 서스펜스 호러물인 〈성 로자린드〉 등의 대표작이 있다.

12 리본파(りぼん派)
'리본'은 소녀만화 잡지의 이름. 소녀만화 잡지 《리본》은 세련된 그림으로, 《나카요시》(なかよし. '친한 사이, 정다운 친구'라는 의미)는 서사적 그림으로 대표되며 쌍벽을 이루었다.

네즈 미술관

1 《이요기레(伊予切)》

   헤이안시대 중기에 쓰인 두 권으로 된 시가집 《와칸로에이슈(和漢朗詠集)》를 필사한 것. 지금의 에히메현에 해당하는 이요쿠니(伊予国)에 전해져서 붙여진 이름이다.

2 《야와타기레(八幡切)》

   헤이안시대에서 가마쿠라시대 초기에 걸쳐 일본의 문자인 가나(仮名)로 쓰인 명품 가운데 하나.

3 가마쿠라시대

   가마쿠라를 거점으로 한 무사정권의 시대로 중세에 해당하며 1185~1333년.

4 긴긴데이에(金銀泥絵)

   아교를 녹인 것에 금은 박(箔)을 섞은 것으로 그린 그림.

5 《백인일수첩(百人一首帖)》

   시인 후지와라노 사다이에(1162~1241년)가 뛰어난 가인 100명의 와카(일본의 운문문학)를 한 수씩 골라 집대성한 시집. 근대 이후 카드놀이의 일종인 가루타를 통해 널리 퍼졌다.

6 네즈 가이치로(根津嘉一郎, 1860~1940년)

   '철도왕'으로 불린 정치가이자 실업가. 일본 국내의 많은 철도를 부설하고 최초의 지하철 개통에도 관여했으며, 고미술에 조예가 깊어 일본뿐 아니라 동양의 고미술품을 수집하고 전시하기 위해 네즈 미술관을 세웠다.

7 무유도기

   유약을 바르지 않고 가마에서 고온으로 구운 도기.

8 시가라키(信楽), 단바(丹波), 비젠(備前)

   일본의 6대 고요(古窯)에 해당하는 요. 고요란 중세부터 현재까지 도자기를 생산하고 있는 요를 이른다.

9 료이치미(涼一味)

   시원한 바람, 정원에 물 뿌리기 등 여름의 더위 속에서 한순간 시원함을 만나는 것을 가리키는 다도 용어.

10 덴진사마(天神様)

   헤이안시대 중기의 한학자 스가와라노 미치자네를 높여 부르거나 그를 모시는 신사 덴만구를 이르는 말. '문학의 신', '시문의 신', '서예의 신'으로 받들어진다.

11 호타라카산(ほたらか山)

   네즈 미술관 8경의 하나. 관음보살입상을 중심으로 석불과 석탑을 모은 정원 남서쪽 언덕을 관세음보살이 사는 정토에 비유하여 부르는 이름이다.

12 와비(侘び), 사비(寂び)

   일본의 미의식, 미적 관념. 와비는 소박하고 간소하며 한적한 생활을 적극적으로 즐기는 것을 이르며, 사비는 담담하고 깊이가 있는 세련미가 자연스럽게 밖으로 드러나는 것을 이른다.

에도·도쿄 박물관

1 혼마루(本丸)

   일본의 성곽은 여러 개의 곽으로 이루어져 있는데, 그중 가장 중요한 곽이다. 혼마루에는 천수와 성주의 거처가 있어 최후까지 사수해야 할 곳으로 보통 가장 깊은 곳에 위치한다.

2 니노마루고덴(二の丸御殿)

혼마루의 외측을 돌이나 흙으로 둘러싼 성곽이 니노마루이며, 고덴은 신분이 높은 사람의 주거를 높여 부르는 말이다.

국립서양미술관

1 마리가브리엘 카페(Marie-Gabrielle Capet, 1761~1818년)

프랑스 신고전주의 화가. 유화와 수채화, 파스텔화 등 다양한 재료를 다룬 뛰어난 초상화 화가이며 살롱에 작품을 전시한 최초의 여성 화가다.

2 디르크 바우츠(Dirk Bouts, 1415?~1475년)

네덜란드 화가로 종교화와 초상화를 주로 그렸다. 유럽에서 최초로 소실점을 표현한 화가 중 한 사람으로 그의 작품 〈최후의 만찬〉(1464~1467년)에서 볼 수 있다.

요코스카 미술관

1 히로세 미호(広瀬美帆, 1974년~)

일상에서 접하는 친근한 모티프를 컬러풀한 색채로 유머러스하게 표현하는 서양화 화가.

2 다니우치 로쿠로(谷内六郎, 1921~1981년)

서양화 화가. 형편이 어려운 데다 병약하여 독학으로 그림 공부를 했으며 10대 시절부터 신문과 잡지에 일러스트와 만화가 게재되었다. 1956년 창간호부터 세상을 떠날 때까지 《주간 신초(週刊新潮)》의 표지화를 그린 것으로 유명하다.

도쿄도 정원미술관

1 아사카노미야(朝香宮)

황족 가운데 궁호(宮號)를 받은 일가 중 하나.

2 곁방

일본어로는 쓰기노마(次室). 주된 기능을 가진 방에 딸린 작은 공간 또는 거실 옆에 있는 방으로, 하인 등이 대기하는 기능을 가졌다. 아사카노미야 저택에서는 연회실에서 대객실로 이어진다.

3 앙리 라팽(Henri Rapin, 1873~1939년)

프랑스의 화가, 일러스트레이터, 디자이너로서 도자기, 조명, 가구 등 다양한 장르에서 활동하며 응용예술의 부흥을 이끌었다.

4 막스 앵그랑(Max Ingrand, 1908~1969년)

프랑스의 화가이자 장식가. 현대적으로 디자인한 스테인드글라스 작품으로 유명하며 제2차 세계대전으로 파괴된 노트르담 대성당의 창문 47개를 교체하는 작업을 담당했다.

국립신미술관

1 구로카와 기쇼(黒川紀章, 1934~2007년)

건축가. 1960년대 일본 건축계를 이끈 메타볼리즘의 기수로 활약했으며 건축에서 나아가 도시계획에 적극적으로 관여했다. 쿠알라룸푸르 신국제공항, 네덜란드 고흐미술관 신관 등의 작품을 남겼다.

구 신바시 정차장 철도역사전시실

1 히라오카 히로시(平岡凞, 1856~1934년)

실업가이자 철도기사. 철도 제조 기술을 배우러 미국에 갔다 귀국할 때 야구 지도서를 갖고 돌아와 1878년 일본 최초의 야구팀을 결성하여 야구 보급에 진력했다.

도쿄도 현대미술관

1 다카야나기 에리(高柳恵里, 1962년~)

미술가. 일상적인 오브젝트나 생활 속 섬세한 움직임을 포착하여 작품화하는 것으로 높이 평가받고 있다.

2 마이클 린(Michael Lin, 1964년~)

대만의 미술가. 중화권 전통의 화려한 꽃무늬를 이용한 대담한 그림이 특징이며 벽화, 공공공간 디자인 등도 작업하고 있다.

3 토비아스 레베르거(Tobias Rehberger, 1966년~)

회화, 설치미술, 디자인, 건축 등 작업 영역이 폭넓은 독일의 미술가. 2009년 베니스 비엔날레에서 황금사자상을 받았고 2011년에는 독일 오버하우젠에 그가 디자인한 406미터에 이르는 다리 슬린키가 완성되었다.

4 가와라 온(河原温, 1932~2014년)

개념미술가. 국제적으로 매우 높이 평가받고 있어 일본의 현대미술가 가운데 세계적으로 가장 저명한 사람이다.

5 가노코기 다케시로(鹿子木孟郎, 1874~1941년)

서양화 화가. 초기에는 역과 철도를 모티프로 한 작품을 그렸으나 초상화에 뛰어나다는 평가를 받는다.

6 도미이 모토히로(冨井大裕, 1973년~)

조각가. 클립, 연필, 공 등을 쌓고 묶고 구부리는 등 단순한 방법으로 작품화하여 고유의 기능과 특징을 해체하고 조각의 새로운 모습을 탐구한다는 평을 받고 있다.

7 마니 웨버(Marnie Weber, 1959년~)

설치, 영화, 비디오 및 공연 등 다양한 장르에서 활동하는 미국의 퍼포먼스 아티스트.

8 요시오카 도쿠진(吉岡徳仁, 1967년~)

디자인, 건축, 현대미술 등 다양한 영역에서 활동하고 있는 아티스트. 빛과 자연을 테마로 일본의 미의 근원을 조명해 낸다는 평가를 받고 있다.

9 이케다 미쓰히로(池田光宏, 1969년~)

미술가. 창을 스크린 삼아 사람의 그림자 영상을 비추어 낸 작품 〈By the Window〉로 많은 사람에게 알려졌다. 2001년부터 이 같은 방법으로 주택, 상점, 사무실, 공공시설 등에서 작품을 발표하고 있다.

사이타마 현립 근대미술관

1 구로카와 기쇼(黒川紀章, 1934~2007년)
〈국립신미술관〉의 주 1.

2 이폴리트 아르누(Hippolyte Arnoux, ?~?)
프랑스의 사진작가이자 출판업자. 이집트의 이미지를 제작한 최초의 사진작가로 1850년대 수에즈운하의 발굴을 기록하고 출판했다.

3 A. 카상드르(Adolphe Mouron Cassandre, 1901~1968년)
프랑스의 그래픽 디자이너이자 판화가, 서체 디자이너. 다이내믹한 구성과 섬세한 감성이 담긴 상업용 포스터도 제작했다.

4 오브리 비어즐리(Aubrey Vincent Beardsley, 1872~1898년)
삽화, 포스터, 그래픽, 시 등 다양한 장르에서 활동한 영국의 미술가이자 작가. 흑백 펜화의 귀재로 알려져 있는데 이는 일본의 목판화에 영향을 받은 것이다. 아르누보와 포스터 양식 개발에 중대한 역할을 했다.

5 비어즐리가 삽화를 그린 오스카 와일드의 《살로메》에는 재미있는 일화가 있다. 비어즐리는 원래 프랑스로 쓰인 이 책의 역자가 되고 싶었지만 오스카 와일드의 의사에 따라 삽화를 그렸다. 그러나 삽화를 본 오스카 와일드는 "내 희곡은 비잔틴 스타일인데 비어즐리의 삽화는 너무 일본 스타일이다"라며 마음에 들어하지 않았다고 한다.

6 에밀 갈레(Charles Martin Éaile Gallé, 1846~1904년)
프랑스 아르누보운동을 대표하는 예술가이자 디자이너. 유리공예가와 가구·도기 디자이너로도 활동했다.

7 구사카베 긴베에(日下部金兵衛, 1841~1932년 또는 1934년)
외국인 관광객을 위한 선물용 사진인 '요코하마 사진'의 대표적 사진가. 요코하마 사진이란 요코하마를 무대로 일본인의 일상이 찍힌 흑백사진에 물감으로 색을 입힌 것이다.

8 조르주 비고의 〈산리쓰의 대쓰나미 오후나토의 대참상(三陸大津波大船渡の大惨状)〉
조르주 비고(Georges Ferdinand Bigot, 1860~1927년)는 일본에서 활동한 프랑스 만화가이자 삽화가. 1896년 진도 8이 넘는 거대 지진이 산리쓰 지방(미야기현, 이와테현, 아오모리현)을 덮쳐 사상 최고라고 일컬어지는 쓰나미가 발생해 사망자만도 2만 명이 넘는 막대한 피해를 입었다. 〈산리쓰의 대쓰나미 오후나토의 대참상〉은 그 참상을 찍은 사진을 보고 그린 것이다.

9 다쓰노 도에코(辰野登恵子, 1950~2014년)
화가이자 판화가. 1970년대에 도트, 그리드, 스트라이프 등 규칙적인 패턴을 이용하여 이지적이면서 억제된 표현이 담긴 판화를 발표해 주목을 모았다.

담배와 소금 박물관

1 멕시코의 팔렌케 유적
유네스코 세계문화유산으로 지정된 마야문명 고전기 중 후기(600~900년)의 도시 유적.

2 킹가상
13세기 말 헝가리 벨라 4세의 딸 킹가 공주가 폴란드의 왕자와 결혼하면서 소금광산을 폴란드에 선물했다. 그

것이 비엘리츠카 소금광산으로 개발되었는데 그 안에 킹가성당, 킹가 공주의 부조가 있다.

3 노토(能登)의 가마야(釜屋)

노토는 일본의 중앙에 위치하며 우리나라 동해 쪽으로 튀어나온 반도로, 염수를 돌가마에 끓여 소금을 얻는 일본의 전통적인 제염법으로 유명하다. 가마야는 이 돌가마가 있는 건물이다.

4 네쓰케(根付)

〈도쿄 국립박물관〉의 주 10.

5 사게모노(提げ物)

약통이나 두루주머니, 담배주머니 등 허리춤에 차고 다니는 것.

6 〈원숭이 세 마리(三猿)〉

일본어 표기인 三猿은 '산엔' 또는 '산자루'라고 하는데 "보지도 말하지도 듣지도 말라"라는 뜻으로 눈, 귀, 입을 가린 원숭이상을 말한다. '자루'는 '~하지 말라'라는 의미를 가진 단어를 이용한 표현이기도 하다.

7 〈백지당화문 금사라사 아이사게(白地唐花文金更紗合提げ)〉

하얀 바탕 사라사에 금박을 이용한 당화문을 넣은 두 개의 사게모노. 사라사는 인물, 새, 동물, 꽃, 나무, 기하학적 무늬가 있는 천이다.

에비스맥주 기념관

1 에비스사마(恵比寿様)

장사(상가) 번영의 수호신. 오른손에는 낚싯대를, 왼손에는 '축하 · 경사'를 의미하는 도미를 들고 있다.

분카가쿠엔 복식박물관

1 가타조메(型染)

염색 기술의 하나로 목형이나 지형에 무늬를 새겨서 염색하는 기법.

2 유젠조메(友禅染)

비단 등에 화려한 채색으로 꽃, 새, 산수, 풍월 등의 무늬를 선명하게 염색하는 일본의 대표적 염색공예의 하나. 17세기 말에서 18세기 초 교토의 화가 미야자키 유젠사이가 그린 문양이 인기를 끌어서 유젠조메가 되었다.

3 가스리(絣)

무늬가 들어간 직물의 하나. 무늬에 따라 씨실이나 날실, 또는 둘 다를 미리 염색하여 직조한 직물로 무늬의 윤곽이 살짝 스친 것처럼 보이는 것이 특징이다. 에도시대 이후 서민의 의복에 쓰였다.

4 몬오리(紋織り)

돈을무늬로 짠 직물. 바탕과 다른 조직이나 색실을 조합하여 무늬를 만들어 낸다.

5 유카타(浴衣)

일본의 전통의상. 목욕 후에 걸치는 홑겹옷으로 숙박 시설에서 잠옷으로 입거나 온천 지역에서 실내외복 겸용으로 입는다. 7~8월에 열리는 불꽃놀이나 마쓰리에서는 유카타를 입은 젊은 여성을 많이 볼 수 있다.

6 주센(注染)

직물에 무늬를 넣는 일본의 염색 기법의 하나로 주로 수건, 유타카에 이용된다. 염색하지 않는 부분에는 특수

한 풀을 바르고 건조한 후 염색하는 부분에는 틀을 놓고 염료를 부어 염색하는 방법이다. 앞뒤 구분 없이 무늬가 선명한 것이 특징이다.

7 무라야마오시마쓰무기(村山大島紬)
    도쿄도의 무사시무라야마시, 니시타마군 미즈호마치, 아키시마에서 생산되는 직물. 모든 공정이 수작업으로 이루어지며 전통공예품으로 지정되어 있다.

8 판묶기염
    판체염, 협힐이라고도 하며 일본어로는 이타지메(板締め)라고 한다. 판자 두 장 사이에 실이나 직물을 단단히 끼우고 염색하는 방법.

9 후리소데(振袖)
    겨드랑 밑을 꿰매지 않은 긴 소매가 달린 여성이 입는 일본의 전통 의상. 본디는 혼인 여부와 관계없이 젊은 여성이 입었으나 현대에는 미혼 여성이 성인식, 결혼식 예복으로 입는다.

메이지대학 박물관

1 사쓰마키리코(薩摩切子)
    에도시대 말에서 메이지시대 초기에 사쓰마번에서 생산한 무늬를 새겨 넣은 유리세공 커트글라스.

2 하리코(張り子)
    〈도쿄 장난감미술관〉의 주 1.

3 짓테(十手)
    에도시대 포졸이 범인을 포박할 때 사용한 도구로 길이가 약 45센티미터 정도 되는 철제봉이다.

4 《형벌대비록(刑罰大秘錄)》
    에도시대 말 1836년에 출간된 법제도에 관한 책. 당시 행해지던 조사와 형벌의 집행 등 에도시대 형사법에 관한 내용이 많은 그림을 곁들여 기록되어 있다.

5 철의 처녀
    중세시대 유럽에서 형벌과 고문에 사용한 젊은 여성 모양을 한 도구. 못이 박혀 있는 안에 사람을 가둔다.

6 조몬시대
    〈도쿄 국립박물관〉의 주 2.

7 야요이시대
    〈도쿄 국립박물관〉의 주 2.

8 삼각연신수경(三角緣神獸鏡)
    1~4세기 고분에서 출토되는 구리거울. 정면에서 보면 동그랗지만 테두리의 단면이 삼각형이어서 '삼각연'이라는 이름이 붙었다.

9 안면부 호형토기(顔面付壺形土器)
    기원전 2~기원전 1세기 동일본을 중심으로 많이 제작된 얼굴 달린 항아리 형태의 토기.

10 하니와(埴輪)
    〈도쿄 국립박물관〉의 주 11.

도쿄공업대학 박물관

1 이타야 하잔(板谷波山, 1872~1963년)

일본 근대도예의 개척자. 중국 고도자(古陶磁)의 세련된 조형을 골격으로 우아하고 관능적인 장식성을 가미한, 19세기 말 서구의 아르누보 스타일이 하잔 도예의 특징이다.

2 시노하라 가즈오(篠原一男, 1925~2006년)

건축가. 주택을 중심으로 전위적 작품을 발표하여 1970년대 이후 주택건축 디자인에 커다란 영향을 미쳤다. 안도 다다오가 시노하라의 '추상적 공간의 계승자'라는 평가를 받는다.

3 하마다 쇼지(濱田庄司, 1894~1978년)

〈정립 유가와라 미술관〉의 주 6.

4 민예운동

민예는 '민중적 공예'의 줄임말로, 일상생활에 사용되어 온 일용품에서 쓰임의 미를 발견하고 활용하자는 운동. 공업화와 생활양식의 서구화에 위기감을 느낀 야나기 무네요시 등이 1926년경 제창하여 현재도 지속되고 있다.

5 가와이 간지로(河井寬次郎, 1890~1966년)

민예운동에 참여한 도예가. 평생 교토에서 활동하며 도예 외 조각, 가구, 서예 등 여러 분야에서 활동하여 다수의 작품을 남겼다.

6 세리자와 게이스케(芹沢銈介, 1895~1984년)

인간국보 염색공예가이자 민예운동 참여자. 정확한 데생과 일본 각지의 전통공예 기법을 토대로 동식물, 인물, 풍경을 모티프로 한 독창성 넘치는 작품을 만들었다. 일반적으로 장인들의 분업에 의해 제작되는 작품의 전 공정을 혼자 해내어 인간국보가 되었다.

7 후지시로 세이지(藤城清治, 1924년~)

빛과 그림자를 이용한 작품 세계를 선보이는 예술가로서 그림자그림이라는 장르를 창시. 그림자그림은 특수 용지에 밑그림을 그려 조명으로 투사하여 환상적인 색감과 그림자로 작품을 만들어 내는 것을 이른다.

가쓰시카 시바마타 도라상 기념관

1 〈남자는 괴로워(男はつらいよ)〉

1969~1995년 야마다 요지 감독, 아쓰미 기요시 주연으로 48편까지 공개된 영화 제목이자 시리즈 제목. 주인공을 맡은 배우 아쓰미 기요시가 1996년 세상을 떠나 1997년과 2019년에는 특별편이 공개되었는데, 48편까지의 동원된 관객 수는 무려 7,957만 3천 명에 이른다. 1968년 텔레비전에서 방송된 동명의 드라마가 주인공 도라상의 죽음으로 끝나자, 팬들의 항의가 빗발쳐 영화로 제작되기 시작했다. 집을 나갔던 '후텐의 도라상' 또는 '도라상'이라고 불리는 구루마 도라지로가 고향 가쓰시카 시바마타에 돌아와서는 가족, 주위 사람들과 소동을 일으키는 희극이다. 또한 매회 여행지에서 만난 마돈나에 반하지만 사랑을 이루지 못하는 도라지로의 연애가 일본 각지를 배경으로 그려진다.

2 야기리노와타시(矢切の渡)

에도시대 초기부터 있어 온 시바마타와 맞은편 지바현을 잇는 배. 일본의 소설이나 대중가요 등에 자주 등장한다.

스미다 호쿠사이 미술관

1 우키요에(浮世絵)

　〈도쿄 국립박물관〉의 주 6.

2 가쓰시카 호쿠사이(葛飾北斎, 1760~1849년)

　에도시대 후기의 우키요에 화가. 여러 곳에서 바라본 후지산을 그린 〈후가쿠 36경(冨嶽三十六景)〉이 가장 유명한 작품이다. 70여 년에 걸쳐 왕성하게 활동하여 작품 3만여 점을 남겼으며 풍경, 화조, 미인 등 다양한 소재의 그림을 그렸다. 그의 그림은 유럽에 전해져 인상파 화가들에게 커다란 영향을 미쳤다.

3 게이세이 에이센(渓斎英泉, 1791~1848년)

　에도시대 말기의 우키요에 화가. 여성의 내면을 끌어내고 퇴폐미가 담긴 독자적 스타일의 미인화를 완성했으며 서양화의 영향을 받은 풍경화도 그렸다.

4 〈스사노오노미코토 액신퇴치도(須佐之男命厄神退治之図)〉

　일본 신화 중 최고신인 아마테라스오미카미의 동생 스사노오노미코토가 질병을 가져온 신들에게 앞으로는 나쁜 짓을 하지 않겠다는 맹세를 받는 장면을 그린 그림이다.

5 〈4대 이와이 한시로 가쿠시(四代目岩井半四郎かくし)〉

　에도시대 여성 역할에 일가를 이룬 가부키 배우 이와이 한시로가 가부키 〈가타키우치 아다나카쿠시(敵討仇名かしく)〉에서 연기한 것을 그려 1778년 발표한 작품.

6 〈가나가와오키 혼모쿠도(賀奈川沖本杢之図)〉

　에도시대 교통의 요충지로 많은 배가 왕래한 혼모쿠곶(지금의 가나가와현 요코하마) 주변을 그린 것이다.

7 《호쿠사이 만화(北斎漫画)》

　가쓰시카 호쿠사이가 그림본으로 발행한 스케치화집. 그림본은 우키요에 화가가 제자들의 교육을 위해 만들기 시작한 것으로, 제자가 200여 명 있던 호쿠사이는 자주 이 《호쿠사이 만화》를 주었다고 한다. 《호쿠사이 만화》는 일본 애니메이션의 원점이라고도 일컬어지는데, 이를테면 한 페이지에 그려져 있는 인물 모두가 각각 다른 포즈를 취하고 있는 데다 페이지를 넘기면 마치 움직이고 있는 것처럼 그려져 있기 때문이다.

8 우메와카(梅若)

　우메와카는 스미다가와(도쿄 시내를 흐르는 강)를 배경으로 한 우메와카전설을 소재로 한 그림을 가리킨다. 우메와카전설은 어린 우메와카마루가 인신매매를 당해 이리저리 끌려다니다 스미다가와 강가에서 죽었는데, 아들을 찾아 헤매던 어머니가 스미다가와에 이르러 염불을 외우자 우메와카마루의 영혼이 나타나 모자가 만났다는 이야기다.

9 〈스미다가와 양안 경색도권(隅田川両岸景色図巻)〉

　배로 요시와라로 향하는 길이던 야나기바시에서 산야보리까지의 스미다가와 양안, 요시와라유곽 그리고 유곽의 실내를 그린 것이다. 주문을 받아 그려진 이 작품은 메이지 초기에는 우키요에상이 소장하다 프랑스로 건너갔는데 100여 년 만에 일본으로 돌아왔다.

10 〈주묘종규도(朱描鍾馗図)〉

　종규는 도교의 신으로, 당나라 현종의 꿈에 나타나 황제의 병을 낫게 했다고 전해진다. 일본에서 종규의 그림은 역병 방지와 학업 성취에 효험이 있으며 또한 잡귀를 퇴치한다고 하여 병풍이나 족자로 만들어 집 안에 장식한다.

인쇄박물관

1   백만탑다라니(百万塔陀羅尼)

일본의 여황제 쇼토쿠천황(재위 749~758년)은 난을 평정한 뒤 부처에 감사하고 살생의 소멸을 염원하는 마음을 담아 작은 목제탑 100만 개를 만들어 그 안에 인쇄된 다라니경을 봉안한 뒤 각 사찰에 보냈다. 인쇄된 경전은 폭 5센티미터 내외, 길이 15~50센티미터로 다양하며 1행에 5자씩 인쇄되어 있다. 연대가 밝혀진 것으로는 일본에서 가장 오래된 목판본 고문서이다.

2   〈나마즈에(鯰絵)〉

나마즈는 메기인데, 메기가 움직여서 지진이 일어난다는 속설에서 비롯된 큰 메기와 지진을 주제로 한 그림이다. 1855년 에도를 덮친 대지진 직후 대량으로 시중에 나돌았다.

3   우키요에(浮世絵)

〈도쿄 국립박물관〉의 주 6.

4. 가쓰시카 호쿠사이(葛飾北斎, 1760~1849년)

〈스미다 호쿠사이 미술관〉의 주 2.

도요분코 뮤지엄

1   이와사키 히사야(岩崎久彌, 1865~1955년)

일본 미쓰비시재벌의 제3대 총수. G. E. 모리슨이 수집한 장서의 구입을 시작으로 1924년 도요분코(東洋文庫)를 세워 일본의 동양학 연구 발전에 기여했다.

2   G. E. 모리슨(George Ernest Morrison, 1862~1920년)

오스트레일리아의 신문기자. 1897년부터 《런던타임스》의 베이징 특파원으로 활약했으며, 중화민국 건국 후에는 정치고문이 되어 제1차 세계대전의 파리강화회담에 중국대표고문으로 참석했다. 중국에 체재하는 동안 '모리슨문고'로 불리는 2만 4천 권에 이르는 극동에 관한 유럽권 언어 문헌을 수집하여 베이징의 자택을 연구자에게 개방하다 1917년 이와사키 히사야에게 양도했다.

3   《다테 마사무네 견사록(伊達政宗遣使録)》

에도시대 초기의 무장 다테 마사무네가 가신 하세쿠라 쓰네나가를 1613년 로마에 파견하기까지의 과정 등을 상세하게 기록한 책이다.

4   메르카토르의 〈북극도〉

네덜란드의 지리학자이자 지도작가 게라르두스 메르카토르(1512~1594년)가 그린 것이다. 이 〈북극도〉는 북극권이 단독으로 그려진 최초의 지도로, 당시의 주장에 따라 거대한 소용돌이 속에 있는 커다란 바위로 묘사되어 있다.

5   스기다 겐파쿠(杉田玄白, 1733~1817년)

에도시대의 의학자이자 난학자. 서양의학의 뛰어난 점을 깨닫고는 해부서 《타헤르 아나토미아》를 구해 공부한 그는 1771년 처형된 죄수의 해부에 참가하여 《타헤르 아나토미아》의 정확한 기술에 탄복하여 마에노 료타

쿠 등과 번역에 착수해 《해체신서》 전 4권, 《해체도》 1권을 완성했다.

6 《해체신서(解体新書)》
일본 최초의 서양 해부학 역서로 《타헤르 아나토미아》를 번역한 것이다.

7 《타헤르 아나토미아》
독일의 의사 쿨무스가 지은 *Anatomische Tabellen*의 네덜란드어 번역서인 *Ontleedkundige Tafelen*를 통칭하여 부르는 이름.

8 《이세모노가타리(伊勢物語)》
귀족을 주인공으로 한 문학작품으로 11세기 초 현존하는 형태로 완성되었을 것으로 추정된다.

9. 우키요에(浮世絵)
〈도쿄 국립박물관〉의 주 6.

10 기타가와 우타마로(喜多川歌麿, 1753~1806년)
에도시대 후기의 우키요에 화가. 1790년 여성의 상반신을 그린 그림을 발표하여 대중의 주목을 끌었다. 여성의 이상적인 아름다움을 상반신에 표현하고자 표현 기법에 세련미를 더해 독자적인 미인화를 완성했다.

11 가쓰카와 슌초(勝川春潮, ?~?)
에도시대 중·후기의 우키요에 화가. 뛰어난 미인화를 남겼고 육필화, 삽화도 그렸다. 1790~1791년 상반신을 그린 기타가와 우타마로의 미인화가 나타난 시기 이후의 작품은 없다고 한다.

12 구와가타 쓰구자네(鍬形紹真, 1764~1824년)
구와가타 게이사이라는 이름도 사용했다. 미인화와 무사도를 그렸는데, 가쓰시카 호쿠사이를 싫어하는 사람은 쓰구자네를 좋아한다는 말이 있을 정도로 높이 평가된다.

13 우타가와 히로시게(歌川広重, 1797~1858년)
에도시대 말기의 우키요에 화가. 1832년 도카이도(에도에서 태평양을 따라 교토에 이르는 길)를 여행하며 스케치한 풍경과 풍속을 토대로 이듬해 발표한 〈도카이도 고주산쓰기(東海道五十三次)〉는 출세작이 되었다. 이외에 〈교토 명소〉, 〈에도 8경〉 등을 출판하여 풍경화가로 명성을 날렸다.

종이박물관

1 백만탑에 있던 다라니
〈인쇄박물관〉의 주 1.

2 해리통
종이를 만드는 재료를 물에 풀 때 사용하는 통.

3 시부사와 에이이치(渋沢栄一, 1840~1931년)
사업가이자 은행가. 일본에서는 '일본 경제의 아버지'로 불리며 칭송받는 인물이지만, 국내에서는 한반도 경제 수탈에 앞장선 사람으로 평가받고 있다.

도쿄의 뮤지엄을 어슬렁거리다

1판 1쇄 인쇄 2023년 9월 27일
1판 1쇄 발행 2023년 10월 5일

지은이 오타가키 세이코
옮긴이 민성원

발행인 김기중
주간 신선영
편집 백수연, 민성원
마케팅 김신정, 김보미
경영지원 홍운선
펴낸곳 도서출판 더숲
주소 서울시 마포구 동교로 43-1 (04018)
전화 02-3141-8301
팩스 02-3141-8303
이메일 info@theforestbook.co.kr
페이스북·인스타그램 @theforestbook
출판신고 2009년 3월 30일 제2009-000062호

ISBN 979-11-92444-64-2 03910